ローマへ行

谷　真介著

女子パウロ会

もくじ

第一章　バリニャーノ神父の壮大な計画

第二章　喜びのヨーロッパ

第三章　歓迎のうずのなかで

第一章　バリニャーノ神父の壮大な計画

消されていた〝日本の歴史〟

さむらいたちによる長い封建社会の時代がおわりをとげ、日本がようやくヨーロッパの先進国のように、近代国家としてスタートしはじめた一八七一年（明治四年）十一月十二日のことです。

明治の新政府の要職にあった岩倉具視を全権大使とした五十名からなる岩倉米欧使節団の一行がアメリカの外輪船アメリカ号にのって、横浜港をあとにしました。

この岩倉使節団の目的は、新しく友好を深めるためにアメリカをはじめヨーロッパ諸国の元首たちをたずね、あわせて先進諸国の政治やいろいろな制度、教育、文化などの長所を視察してこれからの新しい国づくりに役立てようというものでした。

一行は二十三日間の航海ののち、太平洋をのりこえ、サンフランシスコにたどりつきました。それからアメリカ大陸を横断し、ワシントンにグランド・アメリカ大統領をたずねたあとヨーロッパに渡り、イギリス、フランス、プロシア（ドイツ）、ロシア、イタリアなど十一か国をまわって元首やその国の著名な政治家たちと会見し、二年後に日本へもどってきました。

一行は、各地ではじめて蒸気で走る列車にのったり、一千年以上も前につくられた古い建物やステンドグラスの美しい大寺院に目を奪われたりして、あわただしい旅をつづけていました。

ところが、一行がイタリアのローマからオーストリアのウィーンにむかう途中、水の都として名高い北イタリアのベネチア（ベニス）に立ちよったときのことです。案内された古文書館《こもんじょかん》のなかで、係員のひとりから、

「この書庫には、西暦七百年からの古い書物をはじめ、地図、文書など百三十万点にものぼる貴重な史料が保存されています。いまから二百八十年前、お国（日本）の大友氏からつかわされた使節たちの手紙も、たいせつに保管されていますよ」

と、聞かされて、びっくりしました。

一行はさっそく、それを見せてもらいました。

係員がほほえみながらもってきた手紙は、ぜんぶで七通ありました。

そのうち二通には、「一千六百十五年二月二十四日」という日付と、「一千六百十六年」という年号があり、「支倉六右衛門」という署名と花押（サイン）が日本文字ではっきりと記されていました。

あとの五通は横文字で書かれたものでした。こちらの手紙は年号がばらばらで、「一五八五年」から「七年」まで、西洋数字で記されていました。

「これらの手紙は、教皇さまにお会いになるため、はるばるお国からローマへやってこられた使節の方々が帰路このベネチアにも立ちよられて、市民の大歓迎を受けました。そのときの礼状であります」

係員の説明を通訳から聞いた団長の岩倉具視は、感激して思わず声をあげました。

「ほほう。二百八十年もの前に、ここへきたわが国の使節があったのか。それは知らなかった。しかしこの書簡（手紙）は少しも古びてはいない。まるできのう、この地へやってきたものたちが書き残していったようだ……」

二百八十年も前というと、じぶんたちがようやく倒した武家社会の江戸幕府も、まだできていません。「天下分け目の戦い」といわれたあの関ヶ原の役（一六〇〇年）よりも、まだ前です。そんな時代に、あの東洋のはてにある国から、じぶんたちと同じように、はるばる海をこえてこの異国の地にやってきた使節たちがあったというのです。

岩倉具視は、その使節たちの苦労と困難とを思い、じぶんたちの身の上を重ねあわせながら、うす暗い書庫のなかでしばらく感慨にふけっていました。

ところが、「支倉六右衛門」の署名のある手紙と、横文字の手紙類とを見くらべていた一行のひとりが、

「このふたつの手紙の間には三十年というへだたりがある。手紙の書き方もちがうし、どうも同じ使節のものではないような気がする。支倉というのは、この横文字の手紙を残した大友の使節のあとにここへきたのではなかろうか？」

と、言い出したのです。

「そうすると、二百数十年も前のあの時代に、地球の反対側の日本から二度もこ

のイタリアへ使節がきたというのか。とてもそんなことは考えられない……」

岩倉使節団の一行は七通の手紙類を前にして、キツネにつままれたような顔をしていました。団長の岩倉具視は書記のひとりにぜんぶの手紙を写しとらせ、帰国したのちによく調べることにして水の都ベネチアをあとにしました。

ベネチアでのこの岩倉使節団のエピソードは、日本の歴史を考えるうえで、いろいろなことを教えてくれます。

まず大きな点は、明治の岩倉使節団の一行は、キリシタン大名として有名だった九州の大友宗麟《そうりん》たちが一五八二年（天正十年）にローマ教皇のもとへおくった使節と、それから三十一年後の一六一三年（慶長十八年）に仙台藩の伊達政宗が通商を求めておくった支倉常長《はせくらつねなが》（六右衛門）のふたつの使節の区別がつかなかったということです。

「明治の元勲」といわれる岩倉具視ともあろう人が、そんなことも知らなかったとは……」と、思うかもしれませんが、どうしてこういうことがわからなかったのでしょう。

それは、江戸幕府がしいた長い鎖国政策とともに、日本におけるキリシタンのことを、日本の歴史から消し去ってしまっていたからです。
一六一四年（慶長十九年）、江戸幕府は「キリシタン禁教令」を出して日本におけるキリスト教の信仰を禁じるとともに、外国との交渉をも断つことにしました。そして、「キリシタンはひとりたりとも生かしておいてはならぬ」というきびしい方針をたて、一八七三年（明治六年）に明治の新政府がようやく信教の自由を認めるまでの二百数十年にわたって、その絶滅をはかってきたのでした。
このようなことがあって、岩倉具視を団長とする使節団の一行は、日本の歴史から消し去られていた「キリシタンの時代」のことをよく知らなかったのです。
岩倉使節団は帰国後、ベネチアで出合ったことを政府に報告しました。それとともに新聞にも報道され、学者たちも調査・研究にのり出しました。
その結果、横文字で書かれたベネチアの手紙の差し出し人は、一五八二年（天正十年）に九州の三人のキリシタン大名——、大友宗麟、大村純忠、有馬鎮純《しげずみ》（のちの晴信）がローマ教皇のもとにつかわした、
正使　伊東マンショ
同　　千々石ミゲル

副使　中浦ジュリアン
同　　原マルチノ

という、四名の使節たちのものであることがわかったのです。

しかもこの四名の使節たちは、当時いずれも九州・島原半島の有馬にあったセミナリオ（キリスト教の初等学校）の生徒たちでした。

大友宗麟の名代となった伊東マンショは十三歳。大村純忠、有馬鎮純の名代となった千々石ミゲルも同じく十三歳。副使の中浦ジュリアンは十四歳。原マルチノはわずか十二歳でした。そしてこの少年たちは、ローマまで三年一か月、往復八年半という気の遠くなるような長い年月をついやしてりっぱに使命をはたし、無事船出した長崎の港へ帰ってきたのでした。長崎を出るとき、まだあどけなさが残っていた少年たちは、ふたたび長崎へもどってきたとき、母親でさえわが子の顔がわからなかったというほど、りりしい青年に成長していました。

四人の少年使節たちは、一五八二年二月二十日、日本におけるキリスト教の布教ぶりを視察してローマに帰国するイエズス会（スペイン生まれのイグナチオ・ロヨラやフランシスコ・ザビエルたちが創設したキリスト教をひろめる会）の巡察師アレッサンドロ・バリニャーノ神父につれられて、あわただしく長崎の港をあとにしました。

——その日、長崎は冬の季節にはめずらしく好天にめぐまれ、海はかがみのように美しく輝いていたといわれます。

使節の少年たちをのせたポルトガルの貿易船イグナシオ・デ・リマ船長の船は、北からの順風を白い帆いっぱいにはらんで、輝く海原のなかをすべるように船出していきました。そして稲佐山を右手に見ながら細長い長崎の港を出ると、進路を最初の寄港地であるマカオにとり、東シナ海の大海原をまっすぐ南下していきました。

この四人の少年たちは、ヨーロッパの人たちに知られたわが国最初の日本人ですが、少年たちはどんな使命を託されて、遠いローマにおもむいたのでしょう。

少年たちは、いったいどんな少年たちだったのでしょう。

少年たちは八年半もの間、どんな航海をし、どんな国々をめぐり、どんな旅をつづけたのでしょうか。

また、当時はどんな時代だったのでしょう。そして帰国した少年たちは、その後どんな運命をたどったのでしょうか。

それでは、おおいそぎで時計を四百年前にもどし、四人の少年使節たちをのせて長崎の港を出帆していったリマ船長の船を追いかけてみましょう。

使命をおびた船出

四人の少年たちは船の後方の甲板に立って、いつまでもふるさとの山々をみつめていました。

青い空と海の間に、くっきりとはえるふるさとの山々——。その美しい山々を、少年たちは心のなかに深く焼きつけておこうと、みじろぎもせずにみつめていましたが、なつかしいふるさとの山々もいつしかひとつにとけあって、水平線のかなたに遠ざかり、島影のようにかすんでしまいました。

すると四人の少年たちの口から、「ふうっ」と、吐息がもれました。

第一章　バリニャーノ神父の壮大な計画

「いよいよ、ふるさとの日本ともこれでお別れだ」

そう思うと、朝からの緊張感がほぐれるようでしたが、それもほんの一瞬のことでした。四人の胸には、さまざまな思いがいちどにこみあげてくるのでした。出帆までのあわただしい日のこと、たいせつな使命に対する責任感、これからの想像もつかない未知への長い長い航海のこと……。そしてなによりも、じぶんたちが生きてふたたびふるさとの土を踏むことができるのかどうかという不安が、ちいさな胸いっぱいにこみあげてくるのでした。

少年たちは、その不安をおし静めるように、口をかたく閉じたまま、まだしみのようにかすかに見えるふるさとの島影をみつめていました。

しかしこのとき、正使のひとりに選ばれた千々石ミゲルだけは、母のことに思いをはせていました。

父親をいくさで早く失ったミゲルは、ひとりっ子でした。二年前に有馬にできた神学校セミナリオの寄宿舎に入るまで、母親の手ひとつで育てられてきたのでした。

たったひとりしかいないたいせつな息子を、ローマなどというこの世のはてのような遠いところへいかせることは、心配でなりません。

　ミゲルの母はバリニャーノ神父からローマ使節のはなしを聞かされたとき、気を失いかけるばかりにおどろいて反対したのでしたが、神父の熱意におされて、やっと同意をしたのでした。

　ところが、いよいよ別れのときがせまってくると、おさえていた感情がいちどにあふれてしまったのでしょう。多くの人たちに見送られながら、使節の一行が岸壁につながれた小舟にのって、沖に浮かぶ本船にむかおうとすると、とつぜんバリニャーノ神父の前にとび出して、

「パードレ（神父）さま、お願いでございます。お願いでございます。あの子は、わたしのたったひとりの子でございます。あの子にもしものことがあったら、わたしは生きてはいけません。もう二度と会えないような遠いところへ、あの子をつれていかないでください――」

　ミゲルの母は、神父のマントにすがりついて、泣きくずれるのでした。

　バリニャーノ神父は一瞬どうしてよいかとまどいましたが、すぐに通詞（通訳）のメスキータ修道士を呼びました。そして大きなからだをふたつに折って腰をか

がめると、ちいさなミゲルの母の肩を両手で抱きかかえながら、静かな声でいいました。

「お母さん、ご心配はわかりますが、どうかご安心ください。だいじなあなたの息子さんは、このわたしがいのちにかえても、かならず無事にあなたのもとにつれ帰ってまいります。

わたしもまた、息子さんたちといっしょにここへもどってくるのです。わたしはそのことを、デウス（神）に誓いました。デウスも、ずっとわたしたちを見守っていてくださるでしょう。ミゲルは、大村と有馬の殿様のご名代として、ローマにいくのです。――さあ、涙をぬぐって、立派な使節となった息子さんを見送ってやってください」

バリニャーノ神父のやさしいことばに、ミゲルの母も涙をぬぐって、やっと顔をあげました。

……日本の島影が見えなくなってしまうと、ミゲルはそのときの母の姿を思い出しました。

母は、いまごろ、どうしているだろう？

まだあの岸壁にひとり残って、泣いているのだろうか？

母のことを思うと、ミゲルはたまらない気持ちになりましたが、すぐにそれをふりはらい、心のなかで母にむかって呼びかけました。

「お母さん。だいじょうぶですよ。神さまがちゃんと見守ってくださいますし、親切なバリニャーノ神父さまがずっとついていてくださいます。殿様のお使いをりっぱにはたして、元気でかならず帰ってきますから。そのときまで、お母さんもお達者で。病気なんかしないでください――」

心のなかでそう叫ぶと、ミゲルはあわてて目頭をこすりました。


「冷たい風が吹いてきましたな……」

ふりむくと、いつの間にか四人のうしろに、黒いあごひげをたくわえたリマ船長と通詞のメスキータ修道士が立っていました。

四人の少年たちは有馬のセミナリオでポルトガル語を学んでいたので、リマ船長のそのことばはどうにかわかりましたが、四人と目が合うと、船長は笑みを浮かべながら、つづけて早口でいいました。

「これで、しばらくふるさととともお別れです。あとは海と空ばかり。見おさめができましたか？　つかれたでしょうから、部屋に入って休みなさいと、船長はいっていますよ」

メスキータ修道士からそういわれて、四人はうなずきました。そして冷たい海風におそろいの黒いマントをひるがえしながら、後方甲板の階段をおりてリマ船長の部屋へ入っていきました。

リマ船長は信仰心のあつい、親切な船長でした。

知りあいのバリニャーノ神父から、じぶんの船にローマへむかう使節の少年たちをのせてほしいという話を聞くと、

「パードレ、それはたいへん光栄なことです。ぜひ、わたしの船を使ってください」

と喜んで、船のなかでいちばんよい自分の船長室を使節たちに提供してくれました。そのうえ、なにくれとなく一行に心をくだいてくれるのでした。

その船長室には、バリニャーノ神父がいて、奥のテーブルにむかって一生懸命書きものをしていました。

勤勉で行動力のおうせいなバリニャーノ神父は、帰国したらローマのイエズス会の総長に提出することになっている、日本におけるキリスト教の布教ぶりについての報告書をまとめているのでした。

少年たちが部屋に入っていくと神父はふりむいて、

「きょうは、朝からたいへんでした。つかれたでしょう。きょうはなにもしないで、ゆっくり休みなさい。そのかわり――」

と、ことばに力をこめて、

「あしたからは、セミナリオと同じです。きちんときめたとおりの勉強をするんですよ。早くことばを覚えて、ヨーロッパに着いたらなんでもはなせるようにしないといけません。いいですね」

そういって笑うと、じぶんはまたテーブルにむかってペンを走らせました。

日本の布教をめぐって

イエズス会の総長から東インド巡察師に任命されたアレッサンドロ・バリニャーノ神父が、わが国におけるキリスト教の布教ぶりを視察しに来日したのは一五七九年（天正七年）七月、少年使節たちが長崎をたつ二年半ほど前のことでした。

九州・島原半島の南端にある口ノ津に上陸した神父は、さっそく精力的に各地を巡察してまわりましたが、その実情を目にして、日本におけるキリスト教布教方針が誤った方向にむかっていることを知って、おどろいたのでした。

毎年、日本にいる宣教師たちからローマにある本部に送られてくる報告書には、「日本における布教は、きわめて良好です。おおぜいの人たちが仏教をすて、キリスト教の信者になるため、わたしたちの教会に毎日おしかけています」

とか、

「九州のある地方では、領主がキリシタンになったので、領民全員が――、年老いた人も、生まれたばかりの子どもまでもが、洗礼を受けてキリシタンになりました」

といった、すばらしい報告ばかりがくるので、バリニャーノ神父も大きな喜びをいだいて巡察にきたのでした。しかし、じぶんが目にした現状は、とてもそんなものではありません。失望した神父は、ローマの総長にあてた手紙のなかに、

「いままで聞いていたことと現実とでは、白と黒ほどのちがいがあります」

と、書き送ったほどでした。

当時の日本は、戦国時代のまっただ中でした。

都（京都）には天皇がいましたが、その権力は地に落ちて、なんの力もありません。国内は乱れに乱れ、あすはどのようになるか、まったくわからないような政情でした。そして各地の大名や豪族たちが天下をねらっていくさに明け暮れていたのです。そのなかから、やがて尾張（愛知県）に勢力をもっていた織田信長が頭角をあらわし、天下を統一しつつありましたが、各地にはまだまだ従わない

大名たちも多く、その地位も定まってはいませんでした。

バリニャーノ神父がわが国におけるキリスト教の布教ぶりを視察しにきたのは、フランシスコ・ザビエルが日本にはじめてキリスト教を伝えてから、ちょうど三十年めのことでした。信者の数も三十年間の間に十五万名にものぼり、日本での布教はまずまずの成果をみせていました。しかし信者の大多数は、ほとんど西九州の地域に集中しているのでした。

その信者のなかには、わが国最初のキリシタン大名となった九州肥前（佐賀と長崎県の一部）のバルトロメオ・大村純忠、同じく豊後（大分県）のフランシスコ・大友宗麟《おおともそうりん》、都に近い高槻《たかつき》（大阪府）のジュスト・高山右近など、あつい宗教的情熱から信者になった大名たちもおりましたが、キリスト教に好意をよせる各地の戦国大名や権力者たちのなかには、南蛮（ヨーロッパ）の宣教師たちと親しくして、貿易でひともうけしようと考えているものたちがたくさんいるのでした。

そのため、宣教師たちの歓心をかおうと、領主の命令で神社や仏閣をこわさせ、領民たちをむりに集団でキリシタンに改宗させたりすることもありました。

いくら信者の数がふえているからといっても、このようなことでは真の布教とはいえません。

そのうえ、

「その国の風俗・習慣などをよく学び、その国の礼節をわきまえて布教をする」という、ザビエル以来のイエズス会の海外布教の方針も守られてはいません。ヨーロッパから派遣した宣教師も百五十名近くにもなるのに、かんじんな日本語さえあまり勉強していないこともわかりました。イエズス会の日本布教長の地位にあるカブラル神父は、来日してから十三年にもなりますが、そのカブラル神父さえ、まるで日本語がはなせないのです。

さらによく調べてみると、カブラル神父と日本人のイルマン（修道士）たちとの間にも溝ができて、うまくいってないことなどもわかってきたのでした。

そこでバリニャーノ神父は、カブラル神父に疑問の点をたずねました。

するとカブラル神父は、

「日本語というのは、わたしには悪魔がわざと外国人にわからないようにつくったことばとしか、思えません。まったく難解で、わけがわかりません。そのうえ、日本人ほどごうまんで、どん欲で、表と裏のある国民はいままで見たことがありません……」

と、日本人に対する批判をならべたてるのでした。

カブラル神父は、さらにつづけました。

「それに、日本にはたくさんの国がありすぎて、味方になったり敵になったりしていて、国内の政情もわたしたちにはさっぱりわけがわかりません。日本人というのは、じぶん勝手なところのある人間です。もし日本人が共同で従順な生活ができるとすれば、それはほかに生活できる手段がなにもない場合だけです。日本人というのは、子どものころから、だれにも胸のうちをうちあけず、また心のうちを読みとられないように教育され、それを名誉なことだと思っている信用のおけない民族なのです……」

カブラル神父のはなしを、だまって聞いていたバリニャーノ神父は、

「日本語が難解だということは、各地をまわってわたしにもよくわかりました。国内の政情が理解しにくいということも、そのとおりでしょう。それなら、日本人のイルマン（修道士）たちに、もっともっとポルトガル語やラテン語を学ばせたら、どうでしょう。ことばがわからなければ神学の勉強を深めることもできな

いし、おたがいの心をほんとうに理解することもできないのではないですか？」

バリニャーノ神父はそう力説しましたが、カブラル神父は、

「日本人に西洋の学問など学ばせても、しようがない」

といって、ますます正反対の意見を口にするのでした。

カブラル神父が日本の修道士たちにヨーロッパのことばを学ばせないのは、「そんなことをすれば、じぶんたちヨーロッパ人の会話をかげで聞かれ、どんな悪事に使われるかわからない」という、心のせまさからでした。

神父は日本人をじぶんたちより低級な国民と考え、日本人の修道士たちがパードレ（神父）になることにも反対でした。そして日本語を学ばないばかりか、生活ぶりもじぶんではかたくなに洋式を守り、日本人の信者たちをどれいのように使っていたのです。

こうした日本人ぎらいの神父を布教長の地位においていては、どうにもなりません。将来のこともあやぶまれます。

そこでバリニャーノ神父は、日本布教長の地位をガスパル・コエリュ神父にかえることにしました。そして、日本人に対するいっさいの差別を禁止し、ヨーロッ

パから派遣されてきた宣教師たちには日本語をはじめ、日本の習俗や礼法をよく学び、日本の風土のなかにとけこんで布教をするよう命じたのでした。

同時に、

「将来の日本の教会の活動は、日本人の聖職者によってなされるべきである」

という考えから、未来の聖職者を育てるセミナリオという初等神学校を島原半島の有馬と、キリシタンに好意を示す織田信長が居城を築いた琵琶湖畔《びわこはん》の安土《あづち》に開設し、さらにコレジオ、ノビシアドという上級神学校を府内（大分県）と臼杵《うすき》（大分県）に創設することにきめて、ただちに実施しはじめました。

こうして、来日したバリニャーノ神父によって、日本のキリスト教布教に新しいページが開かれたのです。

有馬と安土にセミナリオが開校すると、キリシタンに理解を示す大名の臣下の子どもたちなどが、つぎつぎと入校してきました。

このわが国はじめてのミッション・スクールが開校されたとき、有馬のセミナリオには二十四名の生徒が入校しました。生徒たちは全員制服である青い木綿のきものを着て寄宿舎に入り、夏には四時半起床で、朝のお祈りのあと、日本語、ラテン語、西洋音楽、聖書の勉強など、毎日規則正しい学校生活をはじめました。

バリニャーノ神父は、安土で天下を統一しつつある権力者の織田信長とも会見しました。高槻では信仰のあつい高山右近にも会い、大友宗麟、大村純忠などのキリシタン大名たちとも親しく会見をし、各地の巡察をおえて帰国するために長崎にもどってきました。

バリニャーノ神父の日本滞在は二年半ほどでしたが、それでも神父は日本人について、

「日本人は優雅で礼儀正しく、秀でた天性と理解力をもった国民で、この点ではわれわれヨーロッパ人よりすぐれています。子どもたちも学問や規律をよく学び、ヨーロッパの子どもたちより早く、わたしたちのことばを読んだり書いたりします」

と、カブラル神父などとはまったくちがった好印象をもち、日本におけるキリスト教の将来にも大きな望みをいだいたのです。そしてあわただしく帰国の準備にとりかかりましたが、そのとき、

「日本のキリシタンの王（大名）たちの使節をローマにおくって、教皇さまに会わせたらどんなにすばらしいだろう……」

と、ユメのようなことを、思いついたのでした。

そう思うと、ユメは大きな羽をひろげて羽ばたき、神父の頭のなかをかけめぐりました。

「――日本人にヨーロッパにおけるキリスト教とその文化のすばらしさを直接見聞きさせ、帰国後にそれを同胞たちに語らせたら、これからの日本の布教におおいに役立つだろう。そして、キリスト教徒であるヨーロッパの国々の君主や各地の実力者に、日本でのこれからの布教に必要な費用の援助を求めたらどうだろう。それに使節をおくれば、まだほとんど知られていない東洋のはずれにあるこのすばらしい日本という国を、ヨーロッパの人たちに知らせることもできるし、われわれイエズス会が力をそそいでいる日本の布教活動にも理解がえられるだろう……」

バリニャーノ神父は、使節は成人より純真な心をもった、将来の日本の教会の支柱となる少年たちのほうがよいと考えました。

それなら、セミナリオで学ぶ優秀な生徒たちのなかから選ぶのが最適です。そして有馬のセミナリオで学ぶ伊東マンショ、千々石ミゲル、中浦ジュリアン、原マルチノの四名の少年たちを選んだのでした。

豊後の領主大友宗麟の使者としては、はじめ宗麟の甥である伊東ジェロニモの名が浮かびましたが、ジェロニモは当時遠い安土のセミナリオで学んでいたので、出帆までに長崎へつれてくることは、とてもできません。そこで、ジェロニモのいとこで有馬のセミナリオにいるマンショが選ばれることになったのでした。

すでに父を亡くしていたマンショには、生まれ故郷の日向に母や兄弟たちがいました。マンショの家は大友宗麟と遠い親せき関係にあり、祖父は日向の都於郡《とのごおり》城の城主でした。しかし、家は戦乱で没落し、マンショはみなしご同然であったところをラモンという神父に引きとられ、有馬のセミナリオに入っていたのです。

また大村の領主大村純忠と有馬の領主有馬鎮純《しげずみ》（晴信）の名代として選ばれた千々石ミゲルも、父を戦乱で亡くして母親とふたりきりでしたが、ミゲルは大村の領主の甥であり、当時まだ十四歳だった有馬の領主鎮純とはいとこという家柄の少年でした。

バリニャーノ神父は、このふたりの少年を正使にし、副使にはやはり有馬のセミナリオで学んでいた大村領内のふたりの少年、中浦ジュリアン（西彼杵《にしそのぎ》半島中浦生まれ）と、原マルチノ（肥前波佐見《はさみ》生まれ）を選んだのでした。

バリニャーノ神父は、帰国までのわずかな日時のなかでたてたこの壮大な計画を、長崎に近い大村と有馬の領主に伝えて賛同をえると、使節がたずさえていくローマ教皇をはじめ、イエズス会の海外活動に好意を示しているポルトガルの国王などにあてたあいさつの書状を書いてもらいました。

しかし、豊後の領主大友宗麟のところまで出かける時間的よゆうは、もうありません。

豊後に出むいて計画を伝えれば、熱心な信者である宗麟が喜んで賛成してくれることは、わかりきっています。宗麟にはあとから承知してもらうことにして、日本人修道士に書状を代筆させ、それを名代に選んだマンショにたずさえさせていくことにしたのです。

四人の使節には、日本語の上手なポルトガル生まれのディエゴ・デ・メスキータ修道士が通訳として同行します。また、長い旅で使節の少年たちが自国のことばを忘れないようにという心くばりから、日本語の教師として日本人ジョルジョ・デ・ロヨラ修道士も同行することになりました。

そのほか、身のまわりのせわをする随員として、コンスタンチーノ、アグスチーノという霊名（洗礼名）をもつ日本名の不明なふたりの少年、サンチョスというスペイン生まれの二十七歳の修道士の、合わせて十名が、バリニャーノ神父に従ってローマへの長い旅の途につくことになったのでした。

マカオからマラッカへ

――使節の一行をのせたリマ船長の船は、好天にめぐまれて、快適な航海をつづけていました。

四人の少年たちは、はてしなくひろがる海の上の教室で、毎日きめられたとおりの勉強にはげんでいました。

メスキータ修道士について、ラテン語、ポルトガル語の学習をはじめ、ヨーロッパ人に対する礼儀作法の練習、日本人教師のロヨラ修道士からは、りっぱに礼状などが書けるよう習字まで教えられていました。

一日がおわれば、日記もつけなければなりません。その日のできごとを忘れないようにという心くばりから、四人はバリニャーノ神父から旅の間、毎日かならず日記をつけるよう申し渡されていたのです。

船は青い海に白波をけたてて走っています。

海はおだやかで、たいくつしそうな日がつづいていました。

ところが、一週間ばかりすぎたころから、北東の風がしだいに強さをましてきました。

船は強風に追いたてられ、前のめりにひっくりかえるのではないかと思えるほどのスピードで、波をけたててつきすすんでいました。風はいよいよはげしくなり、とうとうあらしとなって波がさかまきはじめたのです。

リマ船長の船は、千トン近くもある大きな船でしたが、あらしの大海原では一枚の木の葉と同じです。

船は荒波にもまれ、山のような高波がうねりを発しながら船に襲いかかってきます。そのたびに大砲の音のようなごう音がとどろいて、船が前後左右にはげしく傾きます。

もう、甲板に立っていることさえできません。

船はぜんぶの帆をおろし、船足を軽くするため、積み荷の一部を海へすてました。

こんなおそろしい海は、四人の少年たちにとってもちろんはじめてのことです。四人は船が波にうちくだかれて、こなごなになってしまうのではないかと心がふるえましたが、波にさらわれないように、乗船者全員がからだにいのち綱をつけるようリマ船長から命じられたときは、いよいよ最期のときがきたと思いました。

それからの四人は船室に閉じこもって、虫けらのように床にへばりついていました。そして死の恐怖を取りのぞこうと必死に神に祈っていましたが、船酔いの苦しさがさらに少年たちの心をさいなんでいました。

はじめて経験したこのときの船酔いの苦しみを、千々石ミゲルは、

「船酔いは重苦しく頭をおさえ、胃をさいなみ、そのために、なによりも食事ほ

どいやなものはないと思うようになります。そればかりではありません。液汁が胃や内部のいろいろな部分から出てきて、どうにもならなくなってきます。そのときは液汁ばかりか、おなかのなかにある五臓六腑《ござうろっぷ》も口から吐き出されてくるのではないかと思えるほどでした……」

と、のちに使節たちの日記をもとにまとめられた少年たちの〝旅の対話録〟、サンデ神父編『天正年間遣欧使節見聞対話録』のなかで語っています。

このとき、伊東マンショだけは船酔いに悩まされながらも容態は軽く、

「マンショは、われわれの苦しんでいるのを見ながら笑っていた」

と、ミゲルは語っています。ところが、そのマンショは、

「じぶんは船が沈むのではないかという死の恐怖のほうがおそろしく、それをこらえるのが精いっぱいで、吐き気の苦しみも忘れていました」

と、語っています。

しかし船酔いの苦しさというのは、ほんとうにつらいものです。

使節がローマにむかってから十年ほどのちに、ヨーロッパから日本にやってきていた神父のひとりが、イエズス会の会議に出席するためローマにいくことを命

じられました。

ところがこの神父は、

「日本までの航海中、わたしはたえずはげしく船酔いしました。わたしは海をにくみ、おそれています。いままたあの海上での苦しみを味わうくらいなら十回死んだほうがましです」

と語って、ローマへいくのをほかの神父にかわってもらったほどでした。

船がいつ沈むかしれないという不安と船酔いの苦しさ――。こんなとき、ふるさとのこと、別れてきた肉親たちのこと、安全な港や陸地のことを思わないものはいませんが、マンショたちは神に祈ることによって心の平静を保ち、やっと〝最初の苦難〟をのりこえ、長崎を船出してから十七日めの三月九日、一行をのせた船はマカオに入港しました。


ポルトガル領マカオは、中国大陸の南部、珠江《しゅこう》東岸の河口の三角州につき出た、ちいさな半島の先端にあります。

アフリカの喜望峰をこえてインド大陸にやってきたポルトガルの商人たちは、

インドの西岸にあるゴアやコチンを足場にして、さらに東方への進出をめざしていました。一五五五年ころにはマライ半島のマラッカをへてマカオまで進出し、この地をポルトガルのアジア貿易の新しい基地にして大きな繁栄をみせていました。

海洋国家であるポルトガル国王の庇護のもとに海外の布教に熱心だったイエズス会も、一五六五年からこのマカオに教会や修道院を建て、東洋布教に熱意をみせていました。

少年使節たちは、マカオで市の行政をつかさどるポルトガルの総督や知事、イエズス会の神父たちに迎えられて、盛大な歓迎を受けました。

使節の一行は、マカオでほんのわずか休息をして、つぎのマラッカにむかう予定でしたが、いつまでたっても北からの風が吹いてくれません。とうとうこの地に十か月近くも足どめをくってしまいました。

十か月のマカオ滞在中、マンショたちは語学の勉強にくわえて、教会でオルガンなどの楽器を弾く練習にもはげんでいましたが、四人の少年たちにつきそって語学の教師をつとめていたメスキータ修道士は、この地で晴れてパードレ（神父）

の地位をさずけられました。

また、このマカオ滞在中、マンショたちは織田信長が本能寺で明智光秀のむほんによって、みずからいのちを断ったことも知らされました。

使節の一行は、この年の最後の日（一五八二年十二月三十一日）、ようやく北からの良風をえてマラッカへむかいましたが、ちょうどそのとき、マカオの港には同じようにマラッカへむかう大きな船がありました。

長崎からマカオまでの航海であらしに出あっておおいに苦しんだ一行は、マカオの神父たちからリマ船長の船より大きく、設備も整ったその船にのりかえていくことをしきりにすすめられました。

しかしリマ船長の誠実な人柄をよく知っているバリニャーノ神父は、船をかえずにふたたびリマ船長の船にのって、マラッカにむかうことにしたのです。

長崎を船出したときは、たった一隻でした。こんどは二隻の同じ貿易船がじぶんたちの船のうしろに従うようについています。

僚船が見えるので、マンショたちの心もなごみました。二隻の船は船足も速く、数日もしないうちにじぶんたちの船を追いぬいて、たちまち水平線のかなたに姿を消してしまいました。

マカオを出て何日かたち、海南島の近くまできたときのことです。またまた海が荒れ出して、船は大暴風雨に遭遇しました。

このときのあらしは東シナ海で出あったものよりもすさまじく、使節の部屋にあてられていた船長室の戸が波のためにいっぺんにこわされて、船長室が水びたしになるほどでした。

バリニャーノ神父をはじめ四人の少年たちは、からだにいのち綱を巻きつけました。そしてリマ船長の案内で高台になっている船の前方甲板にひなんし、ひとかたまりになってあらしの一夜をすごしました。船に襲いかかる魔物のような波とはげしい風に、だれもさらわれなかったのが奇跡のようでした。

ようやくあらしの一夜が明けて、天候も回復するかに見えたのですが、こんどは逆風を受けて船が暗礁にのりあげてしまいました。

船はぎしぎしうめき声をあげてだんだんと傾き、いつ横倒しになるかわかりません。

このときばかりはリマ船長も死を覚悟し、危険が迫ったことを全乗船者に伝えたほどでした。しかし海の満潮に救われて、どうにか難を逃れることができたのでした。

まったく、さきが思いやられます。

一行をのせた船は静けさを取りもどした南シナ海をふたたびマラッカめざして航海をつづけていきましたが、それから数日すると、船の積み荷がたくさん海面に浮いているのに出あいました。

「これは海賊のしわざだな。このあたりの海で海賊に襲われた船があったのだ。もしかしたら、われわれの船を追いこしていったあの二そうの船のどちらかが襲われたのかもしれない。暗礁にのりあげないで順調に航海していたら、われわれの船も襲われたかもしれない。まったくなにが幸いするかわからない」

乗組員たちの話を聞きながら、マンショたちは流れ去っていく船の積み荷をいつまでもみつめていました。

しかし、あとでわかったのですが、マンショたちはリマ船長の船にのっていて、いのちを救われたのです。

一行の船がマレー半島のせまい海峡までやってくると、リマ船長の船を追いこしていった大きな船があらしに出あって暗礁にのりあげ、難破していたのです。船に乗っていた人たちは、積み荷といっしょに海に投げ出されましたが、あらしの海を海峡の両岸まで泳ぎ、ふたりの犠牲者を出しただけで、ことなきをえたのでした。

マンショたちをのせた船は、この海域に二日ほどとどまっていました。そしてマラッカからやってきた救助船とともに岸に泳ぎついた人たちを収容していました。その間マンショたちは、暗礁にのりあげて強風にさらされている無残な船をみながら、難をまぬがれたことを神に感謝していました。

しかし、マンショたちの船も、この直後にせまい海峡の浅瀬にのりあげてしまい、つぎの満潮になるまで動くことができなくなってしまったのです。

その間に、このあたりに住む多くのマレー人たちが小舟に魚や色とりどりの果物などをたくさん積んで、船のまわりに集まってきました。

なかには洗たく物を干したり、たくさんの子どもたちをいっしょに小舟にのせている一家の物売りもいます。マンショたちは、このめずらしい物売りの光景を、船の上から楽しそうにながめていました。

マレー半島のせまい海峡で生活をしている水上生活者たちのことは、マンショたちの心に強く焼きついたようでした。

使節たちの「旅の対話録」のなかで、千々石ミゲルは、

「かれらはきわめてちいさな小舟のほか、住みかというものをもっていないのです。その小舟は、気象・天候のあらゆる災害に対して、ただヤシの葉でふいた屋根をもっているだけです。はげしいあらしのおこるときは、小舟の家を海岸にしっかりとしばりつけ、そのなかで生活して、なんの心配もしないのです」

と語り、南海に住む人たちのおおらかな生活ぶりにおどろいています。

このエピソードは、九州の片隅のことしか知らないマンショたちが、海外の旅の経験ではじめて目をひらかれた大きな発見だったのでしょう。人間はそれぞれの風土、気候のちがいのなかで、その地にかなった生き方をしていることを、マンショたちは知ったのです。そして、ヨーロッパでいろいろな国の人たちに出会ったマンショたちは、帰国後つぎのようにも語っています。

「身分の貴いものは白い肌、肌の黒いものはいやしいどれいとなるために生まれ

てきたと思っている人がいますが、それはちがいます。肌の色がちがうのは、気候、風土の性質によってであり、世界には種々さまざまな土地、気候があるのだから、人びとの肌の色も多種多様であるのです。人びとの肌の色で身分の区別はありません。人のことを見かけや、じぶんの生まれた国の習慣などで勝手にきめてしまうのは誤りです」

苦しい船旅

一五八二年の最後の日にマカオを出帆した使節一行の船は、マレー半島の中ほどにあるマラッカまでのおよそ三千キロにおよぶ海原を、二十八日かかってどうにかのりこえました。

長崎からマカオまで十七日かかった二千キロの最初の航海にくらべると、航海日数も距離も長くなってきます。旅はさきにすすむごとに苦しみや困難も多くなり、マンショたちの試練もましていくようでした。

マラッカではあらしでこわされた船を修理し、飲料水と新鮮な食料を積みこむと、船は八日後にはつぎの寄港地であるインドのゴアにむけて帆をあげましたが、マラッカにいる間に、マンショたちは町の丘の上にある「聖母の教会」をおとずれました。

この丘の上の教会は、「東洋の使徒」と仰がれるフランシスコ・ザビエルがはじめて日本人と出会った記念すべき教会です。

一五四七年十二月のある日、商売上のことでけんかをし、相手をあやめてふるさとの鹿児島を追われた日本人ヤジロウは、この教会で精力的に東南アジアの各地をまわって布教をつづけていたザビエルと出会い、じぶんの犯した罪のいっさいを告白して、日本人としてはじめてキリスト教の信者になったのでした。

ザビエルはヤジロウを通してこれまで知らなかった日本と日本人を知り、その日本にキリストの教えをひろめたいという熱い望みに胸をふくらませました。そしてヤジロウを道案内にともなって二年後の八月十五日に鹿児島にやってきたのでした。その日はくしくも聖母被昇天の祝日（イエス・キリストの母マリアが天に召された日）であり、十五年前にザビエルが同志のイグナチオ・ロヨラたちといっしょにイエズス会をつくって神の教えをひろめることを誓った日でもありました。

マンショやミゲルたちは、バリニャーノ神父から日本にはじめてキリスト教の種をまいたザビエルのはなしを聞き、神父といっしょに丘の上の聖母の教会を訪ねて、この聖人の偉大な足跡をしのんだのでした。


さて、マラッカを出帆した一行の船は、この海域に多い暗礁や浅瀬に細心の注意をはらいながら、やっとせまいマラッカ海峡を通過しました。

ここからインド洋を横断して、インド大陸の西側にあるゴアへむかうのですが、赤道に近いこの海域は、熱帯の暑気と無風のため、航海者にとって大きな苦痛と忍耐が強いられるところです。

インド洋に出ると、はたして風はまったくなくなり、船は動きをとめてしまいました。

そのうえ、どうにも耐えられない暑気で、とうとう船内に赤痢が発生し、メスキータ神父と元気者だったマンショがひどい下痢にかかってしまいました。

マンショは下痢とともに高熱を発して、何日もうなされつづけ、ほとんど絶望的な状態におちいってしまいました。

四人の少年たちを、「いのちにかえても無事につれ帰ってきます」と、肉親たちに誓ったバリニャーノ神父は、心配でなりません。夜もねむらずにマンショのまくらもとにつきそい、神に祈って看護しつづけていました。

このときの神父の看病ぶりについて、のちに千々石ミゲルはつぎのように語っています。

「神父さまはひとときも休まれることなく、病気に苦しむもののために心づかいをなさっていました。ほかのものたちは神父さまが辛労のあまり、重い病気になってしまうのではないかとおそれたほどです」

看病を受けたマンショも、このときのことについて、

「わたしのいのちを救ってくださったのは、神と、巡察師父《じゅんさつしふ》のお力とご辛労のたまものです。パードレ（神父）は、すべてのことをおいて、夜となく昼となくわたしのそばにつききりで、ことばをつくして弱いわたしの心をはげまし、わたしを苦しませる重い重い病を、祈りによって克服してくれたのです。パードレの

そのときの恩にむくいるためには、いちど胃から吐きもどした汚れた食物でさえ、パードレの仰せとあればうえたもののように、ひとつも残らずに食べつくしたことでしょう」

下痢と吐き気に苦しむそのときのじぶんを思い出しながら、マンショはこういってバリニャーノ神父の献身的な看病に感謝をのべています。

船のなかでは、病人の数がふえていきました。どうにか健康を保っている人たちも、口もききたくないほどの暑さで、不満をつのらせています。

そういう人たちのなかから、

「マラッカへ引きかえしたほうがいい」

と、叫ぶものたちがあらわれましたが、風がまったくなくては、船を引きかえさせることもできません。

そのうえ、たいせつな飲料水も病人たちの熱を下げるために使われるので、とぼしくなってきました。

リマ船長は、船長の権限で乗船者に一日二杯分の水を割りあてましたが、それだけでのどの渇きをいやすことはできません。乗船者のなかには渇きに苦しむあまり、海水を飲んで死ぬものまで出てきました。

病人の数は、日ごとにふえつつあります。

飲料水の不足にくわえ、薬も少なくなってきました。一回分の内服薬を二回に分けて病人にあたえなければならないしまつです。船のなかは、地獄の様相を見せてきました。

マンショの容態は、ほどなく快復にむかいましたが、メスキータ神父はいぜんとして高熱を発しつづけていました。

そのうちに、ないだ海原に波頭がたちはじめました。やっと微風が吹きはじめたのです。

リマ船長はそのわずかな風をじょうずに操りながら、インド大陸の手前にあるセイロン島(スリランカ)までたどりつき、コロンボの港で飲料水と新鮮な食料の補給を受け、しばらくとどまって病人たちの快復を待とうと考えました。

しかしコロンボに立ちよって水と食料をえると、ただちに港をあとにしました。わずかな風でも、この風を逃したらいつ目的地のゴアにいきつけるかわかりません。――いや、ゴアまではいけないとしても、せめてその手前にあるコチンまではなんとかたどりつきたいと、リマ船長は考え直したのです。そしてコロンボをあとに、インド大陸の南端にあるコモリン岬をめざして船をすすめていきました。

このあたりは浅瀬が多く、航海には細心の注意が必要なところです。

航海士は島影を見ながら、コモリン岬をまわって、いよいよインド大陸の西岸に出たと思ったのでした。

ところがこのとき、船は半島の手前に沿って、コモリン岬の東側を北上していたのです。

気がついたとき、船は危険水域に入っており、間もなく浅瀬にのりあげてしまいました。

船が動かなくては、どうしようもありません。

幸いなことに、岸からはそんなに遠くはありません。そこで船から小舟をおろし、岸に上陸してあたりを調べてみました。

するとこの地はインド大陸のトリカンジュールというところで、近くにイエズス会の宣教師たちがいて、布教活動をつづけていることがわかりました。

バリニャーノ神父は、その同志たちにさっそく手紙を書いて、救助を求めました。

トリカンジュールから目的地のゴアまでは、半島を横断して海岸線をいくだけでも、まだ千キロ近くもあります。しかし、とにかくマンショたちはインドの大地にやっと足をおろしたのです。

使節の一行はトリカンジュールでしばらく休息をしたのち、上陸地の近くにあるゴマの産地として名高いマナパルで、その年の復活祭を祝いました。

メスキータ神父の容態は、まだ回復していませんでした。バリニャーノ神父は、メスキータ神父を同地に残し、船の修復をつづけるリマ船長たちといったん別れて、先をいそぐことにしました。そして四人の少年使節と随員、身辺の警護をする何人かの従者たちをつれて、陸路で西海岸にあるコチンまでいくことにしました。

マンショたちは、インド人のかつぐこしにひとりずつのって、いくつものけわしい山道をこえていきました。

　四人の男がひと組になってかつぐこのこしは、マンショたちに気にいったらしく、

「これにのって旅をするのはまことに心地よく、ゆらゆら揺られるままに、つい心地よいねむりにさそわれるほどでした」

　と、マンショは語っています。

　一行は、日中の暑さがきびしいので、夜になるのを待って道をすすんだこともありました。そして一日に四十キロから五十キロの山道をこえ、ようやくインド大陸の西側に出、途中のクロンまでたどりつきました。

　すると折よく、コチンへむかうちいさな船がありました。一行はそれにのせてもらい、途中で海賊に追われるという一幕もありましたが、こんどは一夜のうちにコチンに到着しました。

　一行がゴアの手前のコチンに到着したのは、四月七日のことでした。

　インドの四月は、これから雨期になる季節です。船があってもこの時期にはまったく風がありません。雨期の季節に陸路をとってゴアまでの七百キロもある道を

たどることはとてもできません。

そこで一行は雨期の明ける十月まで、コチンにとどまることにしました。

ところで、気がかりなのは、メスキータ神父やリマ船長たちのことです。

メスキータ神父はトリカンジュールにいる仲間の宣教師たちの手厚い看病で健康を回復すると、すぐ一行のあとを追いました。そして途中で山賊に襲われかけたり、クロンからのった船が危うく転覆しかけたりして、はらはらしながら四月中旬にコチンにたどりつき、マンショたちと再会しました。

また、リマ船長たちは、その後浅瀬にのりあげてこわれた船を修理し、元気になった病人たちをのせて、やはりコチンに入港してきました。

日本からのなじみの顔がそろって、使節やバリニャーノ神父たちの顔にも久しぶりで笑みが浮かんだことでしょう。

バリニャーノ神父との別れ

インド大陸の西側にあるコチンは、ポルトガルのアジア貿易の中継地として、おおいに栄えた港町です。

ポルトガルの商人たちは、東南アジアの島々から胡椒などの香料をはじめとするアジアの産物をこの港に集め、ここからヨーロッパへ運んでいました。

しかしインドやアジアに進出してきた当時のポルトガルの行政の中心地はゴアで、イエズス会のインド管区の本部も、ゴアにありました。

そのゴアまでたどりつかないうちに雨期を迎え、手前のコチンで足どめをくってしまったことは、バリニャーノ神父にとってなんとも残念なことでした。

ゴアまでいけさえすれば、ヨーロッパへむかう船が風待ちをしている間に、たまっているたくさんの仕事をいくらでも片づけることができます。

「わたしはいつも真夜中に床につき、午前三時に床を離れた」

と、みずから手紙に書くほど勤勉な神父ですから、コチンでの長びく足どめはどんなに歯がゆいか察せられます。とりあえず神父は、コチンから飛脚に託して、ゴアにいるポルトガルのインド副王や、イエズス会のインド管区にローマにむかう少年使節たちのことを伝えました。

ポルトガルのインド副王というのは、本国にいるポルトガル国王にかわって東洋にあるポルトガル領地を治める最高の行政官のことです。知らせを受けたその副王もインド管区の同志たちも、非常に喜んで、一行を大歓迎したいから一日も早くゴアにやってくるようにと伝言が届きました。

しかし、同時に届けられたインド管区からのたくさんの文書のなかの一通を見て、バリニャーノ神父は、思わず大きな衝撃を受けたのでした。

その文書は、ローマのイエズス会の総長からの指令書でした。

指令書には、神父が日本の巡察をおえてゴアまでもどってきたら、ローマにはもどらずに、インド管区長としてそのまま当地にとどまるようにと書かれていたのです。

インド管区長というのは、イエズス会の日本をふくむアジア全域の布教活動を監督する総責任者です。その地位の重さに身がひきしまりますが、じぶんが計画した使節のローマへの旅は、まだ半分もきていません。

これからさきの旅路のことを考えると、バリニャーノ神父はマンショたちのことが心配でなりません。しかし総長からの指令では、どうすることもできません。

このことを、ただちにマンショたちに伝えたら、じぶんのことを父のように慕ってきた四人の少年たちの悲しみやおどろきは、はかりしれません。

神父は指令のことはしばらくマンショたちにふせておくことにして、とにかくゴアに船出できる日を待っていました。その間に、ローマの本部に届ける書類や報告書を作成しながら、じぶんの代理をつとめてマンショたちとローマにむかうことになるメスキータ神父に、使節に関するこまかい注意事項をしたためました。「訓令書」と呼ばれるこの注意書きの事項は、ぜんぶで五十六項目にものぼっています。マンショたちに直接関するものだけでも、二十項目をこえています。

その一部には、つぎのような事がらが記されています。

「使節がリスボンについたら、見学などは帰りにできることだから、とにかくさきをいそいでローマにむかうこと」

「ポルトガルに着いたら、少年たちには学生風の洋服をつくってもらって着せるように。ふだんは日本の衣服（きもの）で市中を歩かせないこと。いかなる人が礼装で少年たちをたずねてくるかわからないが、日本の衣服は国王をはじめ、王家の人をたずねるとき以外は着用しないこと」

「少年たちが国王を訪問するさいには、四輪馬車か、少なくとも騎馬でいくように」

――少年たちは日本のキリシタン大名の名代です。国王訪問などには、その身分にふさわしい装いでおもむくようにとバリニャーノ神父は要望し、「盛大な公《おおやけ》の歓迎などはていちょうに断るように」とも書いています。

また、「日本のきもので市中を歩かせないこと」というのは、使節派遣が公のものではないので、なるべく人目につかないようにという心くばりからです。

「訓令書」のなかには、つぎのように神父の使節派遣の目的が具体的に記されているものもあります。

「日本人に対し、キリスト教の栄光と偉大さ、この教えを信仰する君主と諸侯の威厳、われらの諸王国ならびに諸都市の広大で富裕なことを日本人少年たちに知らしめ、帰国後、目撃者として語らせること」

「少年たちをポルトガル国王、教皇、枢機卿その他の諸侯に知らしめ、かれらがいかにすぐれたものであるかを認識させ、日本での布教を援助しようと心動かされるようにすること」

「少年たちには、ローマ、およびイタリアの他の主要都市のめずらしいものや偉大なものを、すべて見学させるように。少年たちには、悪いものは絶対に見せてはならず、ただ良いもののみを学ばせ、見せるため、案内者をともなわせることを常に心にとめておかなければならない。そのためには、少年たちをいつも修道院や学院に泊まらせ、ほかの施設に泊めてはならない」

「少年たちを外部の人たちと絶対に交際させないよう注意されたい。少年たちがたずねるところは、どこであれ、常にひとりの司祭（神父）とひとりの修道士をともなわせていただきたい。なぜなら、かれらが良く教化され、ヨーロッパのキリスト教を高く評価してもどってくることのみたいせつなのであるから」

「少年たちを長くヨーロッパに滞在させておかないこと。そうすると帰国後に悪にもどるようなものを見たり学んだりする危険があるからである。わたしは少年たちの両親に、必ず日本へつれ帰ることを約束したのだから」

ローマの教皇のもとに日本の少年使節をおくることを考えついたのは神父です。実行に移したのも神父です。バリニャーノ神父は、心に浮かぶことで心配なことがあれば、どんなことでも書かずにはおれません。

「少年たちには、高いところにある部屋とか、ベランダをあてがわないように。ちいさいかれらは、おりるときにけがをする危険があるから――」

じぶんの手から離れて遠くへ旅立つわが子を思う親のように、神父はこんなことまで書いています。

いや、このようなことまで書きそえずにはおれない細心の心づかいから、とつぜんマンショたちと別れなければならなくなった神父の胸のうちがうかがえて、心をうたれます。

さて、雨期も明け、六か月あまりのコチン滞在ののち、十日の航海でゴアに着いたマンショたちは、この地でポルトガルのインド副王たちからたいへんな歓迎を受けました。

副王みずからマンショたちのせわ役を引き受け、高価な贈り物をたまわったばかりか、一行にヨーロッパまでの旅費さえあたえてくれたのでした。

しかしマンショたちは、この地でいよいよバリニャーノ神父と別れなければなりません。

マンショたちがそのことを知らされたのは、リスボンへむかう船の準備がすっかり整ったときでした。

マンショたちは落たんし、全員でほほに伝う涙をぬぐいながら神父からの別れのはなしを聞いていましたが、マンショたちにはどうすることもできません。これからの旅は、細心の注意書きを手渡されたメスキータ神父と、もうひとりローマのイエズス会の本部にいくことになったロドリゲス神父が一行につきそっていくことになったのです。

マンショたちはバリニャーノ神父に別れをつげて、ゴアをたちました。一行を乗せたサンチアゴ号は途中コチンでヨーロッパへ運ぶ多くの荷物を積み込むと、五隻の船で船団を組みました。そして、いよいよインド洋の大海原をこえ、広大なアフリカ大陸の南端にある喜望峰をまわって、ヨーロッパの玄関口であるポルトガルのリスボンに至る長い航海の途についたのです。

ところで、使節の少年たちは、ゴア滞在中にもうひとつ、大きなできごとを知らされました。

それはローマ教皇グレゴリオ十三世によって、これまで使われていた暦が改められ、新しくグレゴリウス暦が採用されたということです。

紀元前四六年から使われていた、これまでのユリウス暦（旧暦）では、一年の長さが平均した実際の太陽暦よりいくぶん長いため、天象の測定によって生じていたその十日間のずれを、正すことに決めたのです。そして一五八二年十月五日を十月十五日とし、四年に一度うるう年をもうけることにしたのでした。わが国が世界にならってこのグレゴリウス暦（新暦）を採用したのは、一八七二年（明治五年）からです。

喜望峰をこえて

使節の一行をのせてリスボンにむかうサンチアゴ号は、これまでのリマ船長の船より堅固で、設備も整った大きな船でした。

サンチアゴ号の船長もリマ船長と同じように、じぶんの船に大任を受けた使節の少年たちがのることを喜び、一行に船長だけが使う出窓のついた風通しの良いりっぱな部屋を提供してくれました。

サンチアゴ号は、五隻の船団のいちばん最後からコチンの港を出ていきました。船団はインド洋を南下しながらしだいにばらばらになって航行し、アフリカ大陸の喜望峰をまわり大西洋の孤島セント・ヘレナ島でふたたび落ち合うことになっていました。一隻ずつばらばらになって航行するのは、このあたりの海域に出没する海賊たちの目をそらすためでした。

ヨーロッパと東洋を結ぶ航路は、現在では地中海と紅海との間にひらかれたスエズ運河を通るのが一般的ですが、一八六九年にフランス人レセップスによって運河がひらかれるまでは大西洋を南下し、遠くアフリカ大陸の先端をまわる航路しかありませんでした。

アフリカ大陸の南端喜望峰をまわるこの航路を発見したのは、ポルトガルの海洋探検家バスコ・ダ・ガマです。

ガマは一四九七年七月八日、ヨーロッパの玄関口といわれるポルトガルのリスボンの港を出帆し、喜望峰をまわって翌年の五月、十か月におよぶ大航海ののち、ようやくインド大陸の西岸にあるカリカット（現在のコジコーデ）にたどりつきました。

しかしこの航路は、暴風雨による遭難の危険の多いことはもちろん、無風、焼けつくような暑さ、伝染病、食料不足など、数々の困難との闘いが待っており、航海者たちに強じんな忍耐力が強いられるところでもあります。

マンショたちは、いよいよ最大の苦難が予想される海域に入って緊張し、毎朝の祈りの声にもいちだんと心をこめるのでした。

マンショたちは、聖書のなかの有名なイエスのことば――、

「心の貧しい人はしあわせである、天国はかれらのものである。

柔和な人はしあわせである、かれらは地をゆずりうけるであろう。

悲しむ人はしあわせである、かれらは慰めを受けるであろう。

正義にうえかわく人はしあわせである、かれらは満たされるであろう。

あわれみのある人はしあわせである、かれらはあわれみを受けるであろう。

心の清い人はしあわせである、かれらは神を見るであろう……」

という慰めの聖句ではじまる「山上の説教」がある『マタイ福音書』の第五章から「あすのために思いわずらうな。あすはあすがじぶんで心配するであろう。一日の労苦は一日でたりる」という第六章の終わりまでをとくにこのみ、好きな節をすっかり暗誦して心の平安と旅の安全を祈ったといわれます。


船上での勉強もきめられたとおり、きちんとつづけられていました。語学の進歩は速く、ポルトガル語はほとんどはなしをすることができるほどに上達していました。むずかしいラテン語も読み書きすることができるほどになっていました。

とくに語学の才能にめぐまれたいちばん年少の原マルチノの上達ぶりは、メス

キータ神父もおどろくばかりでした。マルチノはローマに着いたらイエズス会の総長の前で読むためのラテン語の演説文をじぶんでつくり、それをさかんに暗記していました。

焼けつくような暑さのなかで、朝から晩まで勉強ばかりしているわけではありません。

マンショたちには、一日のうちに三時間だけ自由時間があたえられていました。その時間には甲板で雑談をしたり、神父から教えられたヨーロッパの歌をクラボーやバイオリンに似たラベキーニャという楽器などを使って歌ったりしていました。

あらしに出あわないのはうれしいことですが、毎日毎日たいくつな航海がつづきます。マンショたちは乗組員が使っている観測儀や海図、羅針盤などを見ているうちに、いつかそれらの使用法まで覚えてしまい、天体のふしぎな運行なども知りました。

しかし、いちばん楽しいのは、魚釣りでした。

ある朝、そうかいな風をえて、船が軽やかに帆走しているとき、マンショたちはかねて準備していた釣り針にエサをつけ、船ばたから長い糸を海上に流してみました。

するとー時間もしないうちに、カツオやタイなどの大きな魚を十二ひきも釣りあげてしまいました。そのうちのいちばん大きなものは一ぴきで十五人から二十人分のフライができるほどでした。

あまり釣れるので、ときには魚釣りにもあきてしまい、船のまわりを飛びまわる海鳥を釣竿で釣ったりしたこともありました。

エサとおもりのついた釣り糸を、頭の上で必死にふりまわしているマンショたちのそのときの楽しさを思い浮かべると、まだまだいたずらざかりの少年らしさが感じられて、ほほえましくなります。

いつくるか、いつくるかと、心のなかでは覚悟していたあらしですが、この航海で一行は一度もあらしには出あいませんでした。

日和《ひより》にも風にもめぐまれて、年をとった航海士と水夫長がおたがいに笑顔を浮かべながら、

「こんな好天気と順風にめぐまれた航海は、これまでの長い海上生活で一度もなかったことだ。まるでユメのなかで航海しているような気がする」

と、喜んではなしあうほどでした。

船長も、

「これは、ローマの教皇さまのところへいかれる無邪気で善良な日本の貴い少年たちをのせているからで、神さまのすばらしいおはからいだ」

と、天を仰いで神に感謝をささげていました。

三月九日、サンチアゴ号は順風におくられて、赤道をこえました。

このあたりにさしかかると、風はまったくなくなりました。船はしかたなくつぎの季節風が吹くまで、モザンビークの沖にあるポルトガル領のモザンビーク島にとどまらなければなりません。そして長いときには六か月も風待ちを強いられるのですが、使節の一行をのせたサンチアゴ号は船長のいうとおり「すばらしい神さまのおはからい」でその心配もなく、さらに南下をし、アフリカ大陸の南端にある喜望峰をめざして、順調な航海をつづけていました。

ところが――、

「あと、三、四日もすれば喜望峰の岬が見えてくるだろう」という地点まできて、とうとう風がなくなってしまったのです。

実は、喜望峰のあたりは海の難所で、いろいろな方向からの強風にあおられたり、逆波にもまれたりして多くの船が難破の危険にさらされるところですが、サンチアゴ号は反対に、まったくの無風に出あってしまったのです。

セイル（帆）はだらりとたれさがって、そよとも動きません。船はトリモチに足をとられた昆虫のように、ないだ青い海原にへばりついて動かなくなってしまいました。

無風の日はなんと、それから十五日もつづきましたが、サンチアゴ号はふたたび風にめぐまれ、五月十日、ゴアを出てから五十日めに、ついに喜望峰をまわり、乗船者全員でその通過を祝いました。

この岬をすぎてしまえば、ポルトガルの船乗りにとって、あとはむずかしいことはありません。進路を北西にむけて大西洋をまっすぐすすめばよいのです。

こうしてサンチアゴ号は五月二十七日、大西洋の孤島で最後の補給地でもあるセント・ヘレナ島に、いかりをおろしました。

このセント・ヘレナ島は、いまでは十九世紀のはじめにフランスの皇帝ナポレオンが流された島として知られています。しかし少年使節たちが立ち寄ったころのこの島はほとんど無人島に近く、ときどきヨーロッパの修道者たちがとどまって、世をすてた生活をしているだけの「楽園のような島」でした。

島に立ちよった船は、こういう修道者が耕作した食料を分けてもらったり、島に実る新鮮な果実、さらに島には清れつな水が豊富にあるので、それらを積みこんで最後のリスボンへの航海にむかうのでした。

サンチアゴ号は、いかりをおろすと、島にとどまっていたひとりの修道者に、ほかの船のことをたずねました。

すると、船団を組んでコチンを出たほかの四隻の船は、あいついで島に到着してサンチアゴ号のくるのを待っていましたが、いくら待ってもあらわれないので二日前にそろって帆をあげ、リスボンにむかったとはなしてくれました。

マンショたちは、この緑豊かな楽園のような島がたいへん気に入ったようでした。

船の甲板から、また釣り糸をたれたり、夜には網をしかけてエビをとったりしました。あまり漁獲が多いので、ときには甲板が魚市場に見えたほどで、一部は塩づけにしてリスボンまでもっていくことにしました。

ミゲルは、この島のようすについて、

「家畜、ことにヤギなどの小さな家畜が多く、つぎにニワトリのような飼い鳥、シャコ、そのほか野生の鳥も多くいましたが、ヤギやニワトリなどはポルトガル人がここに残していったもので、それがいつの間にかおどろくばかりにふえたのです。わたしたちはこの楽園のような島に十一日間滞在して、おおいにくつろいだものです」

と、語っています。

セント・ヘレナ島は、使節の少年たちにとって、忘れがたい島になったようです。

マンショたちに同行していた日本人のロヨラ修道士は、もってきた用紙に墨で、「天地万有のおん主、またそのおんひとり子なるイエス・キリストのみ名に栄えあれ。われら日本国、豊後の屋形（領主）の使者、伊東鈍満所、有馬の屋形と大村候の使者、千々石鈍弥解ル、ならびに原鈍丸知野、中浦鈍寿安の一行、去る五月二十七日より、この甘美なる絶海の孤島に滞在し、楽しき日々をすごせり。（鈍＝ドンはスペインの男子の敬称）主なるデウス（神）、願わくは、われらに残り少なき海路の平安をよみしたまえ。われらを無事ポルトガル、イスパニア（スペイン）をへて、永遠の都ローマに送りたまわんことを。アーメン。

ご出世以来千五百八十四年六月六日」

と書き記し、四人の署名をそえて記念のため、島の聖堂の壁にはったほどでした。

こうして一行はこの島をあとに、いよいよ最後の航海にたったのです。

この航海でマンショたちは、はじめて空をとぶ魚――、トビウオを見て、心をなごませました。

しかしサンチアゴ号は、最後のこの航海で多くの犠牲者を出してしまったのです。

赤道をこえたギニアの付近は海賊が多く、それをさけるため船首を大きく西北にむけて遠まわりをしたのでしたが、このため途中から強い北風にあおられて、北大西洋に多い「サルガッソー」という海草におおわれた海面に、突入してしまいます。

船はそこで異常な寒気に襲われたため重病者が続出し、三十二名もの犠牲者を出してしまったのでした。

マンショたちは毎日のように船上でおこなわれる犠牲者を送るミサに列席し、無念の涙をのみながら死んでいった人たちの冥福を神に祈りました。

これ以上の犠牲者は出せません。「サルガッソー」の海を脱出すると、サンチアゴ号は船首を北東にむけ、リスボンめざしてひた走りに走りつづけました。そしてゴアを出てから「六か月に十日たりないだけ」の日数、マンショたちには長崎を船出してから二年六か月という大航海の末に、やっとヨーロッパの玄関口といわれたポルトガルのリスボンの港にたどりつきました。

ときに、一五八四年八月十日のことでした。

第二章　喜びのヨーロッパ

ヨーロッパの玄関リスボン

ポルトガルの首都リスボンは、雄大な流れを大西洋にそそぐテージョ川の河口にある美しい町です。

ポルトガルは隣国スペインとともに、ヨーロッパ大陸のいちばん南に位置するイベリア半島にあります。自国領は広大な半島のわずか五分の一、総面積八万九千平方キロメートルほどで、日本本土よりはるかにちいさな国です。

しかし早くから海外への進出をくわだて、航海術にたけていたポルトガル人たちは、つぎつぎと海外での植民地をふやし、十六世紀中ごろの最盛期には自国の二十四倍にものぼる領土を海外に持っていました。マンショたちがおとずれた当時でさえ、一年に三千名もの人たちが自国をあとに、リスボンから新天地を求めてインド、南米大陸その他の植民地へと出ていっていました。

リスボンは海洋国家であるポルトガルの首都というばかりではありません。十六世紀の百年間を通じて、東インド、アフリカに対するヨーロッパにおける政治・経済・宣教活動の中心地であったばかりか、貿易・航海の世界最大の中心地――、文字どおり「ヨーロッパの玄関口」として、ヨーロッパのほとんどの国の人たちが集まって繁栄をみせていた港町でもあるのです。

旅行者にとって、テージョ川からながめるリスボンの町は、思わず微笑がこぼれるほど美しい町です。

いくつもの丘が、背後から抱きかかえるように、船着場であるコメルシオ広場を取り囲んでいます。町はその急な丘の谷間と丘々の斜面にひろがっており、丘のふもとから太陽の光をまぶしく反射させた白い壁と赤茶色の屋根の美しい高層建築が、幾重にも階段状に重なるようにして丘の頂まで達しています。そして、右手の丘の頂にサン・ジョルジェの古城が偉容を見せ、右手の丘の上には使節の一行の宿舎となったサン・ロケ教会の建物がながめられます。

使節の一行もテージョ川を船着場へと静かにさかのぼっていくサンチアゴ号の船上から、川口の南西岸にひろがっていくリスボンの町の美しいたたずまいに心をうばわれたことでしょう。

伊東マンショはそのときの印象を、

「これより新たな世界に踏みこむのかと思うと、胸のたかなるのを覚え、思いを新たにしました。ヨーロッパの入口の門（都）がこのように壮大で美しいなら、これからさきいかばかりかと心をときめかせました。日本とはくらべものにならない〝楽園〟に入る思いがしました」

と、語っています。

また千々石ミゲルは、

「まず港に入っておどろいたのは、港に浮いている船の多いことです。その数は無数といってよく、わたしたちはそのなかから大きな船ばかり数えましたが、それは三百隻以上もありました。

しかし、あの広大な都の光景は、どう説明したらいいでしょう。壮大な家、高層な建築物、城壁、たくみな塔楼《とうろう》などに目を一時に取られて、なにからめでていいかわからないほどです」

と、そのときの心のときめきを語っています。

マンショたちののったサンチアゴ号は、テージョ川に浮かぶベレンの城塞からとどろく祝砲に迎えられながら、コメルシオ広場にある船着場にいかりをおろしました。実は前日、リスボン港の入口にある漁港カスカイスの沖合で一夜をおくったとき、ロドリゲス神父がさきに下船して一行の到着をサン・ロケ教会の同志たちに伝えていたので、船着場の広場にはイエズス会士やうわさを耳にした町の人たちがおおぜい出て、ごったがえしていました。

広場をうめつくしたその群衆を見て、メスキータ神父はおどろきました。こんな群衆のなかを下船して、もしなにかがおきたらたいへんです。そこで下船を群衆のいなくなる夜までのばして、リスボンでの宿舎となる丘の上のサン・ロケ教会にむかったのでした。

マンショたちはここで数日旅のつかれをいやすと、ポルトガルを治めているアルベルト殿下に訪問のあいさつをするため、宮殿へむかいました。

アルベルト殿下というのは、スペイン国王フェリッペ二世の甥です。殿下は隣国のスペイン国王の代理としてポルトガルの国を治めているのでしたが、それには事情があるのです。

ポルトガルは青年国王セバスチャンが治めていましたが、セバスチャン国王は数年前アフリカに遠征し、アフリカで行方不明になってしまったのです。そこでかわりに国王の叔父君が王位につきましたが、この叔父君も一年半ほどのちに亡くなってしまいました。叔父君は聖職者でしたから、世継ぎはありません。ポルトガルの王家は断絶してしまったのでしたが、ポルトガルの王家とは親せき関係にある隣国のスペイン国王フェリッペ二世がポルトガル人たちの反対をおしきって、ポルトガルの国王をもかねることになったのです。そして甥にあたるアルベルト殿下をおくり、国王代理としてポルトガルを治めさせることにしたのです。

（このスペイン国王のポルトガル兼任は、その後六十年間つづきました。）

使節の一行は、このことをマカオ滞在中に知りました。したがってポルトガル国王にあてられた大友宗麟ほかの書状の名は、スペイン国王の名に書き改められました。

マンショたちは殿下がさしむけてくださった美しい白い四頭だての馬車にのって、宮殿へむかいました。

アルベルト殿下は、気さくな方でした。

マンショとミゲルがメスキータ神父に教えられたとおり、ヨーロッパの貴人に対するあいさつをしようとして、殿下の前にひざまずき、その手に口づけをしようとすると、

「そのような礼は無用です。さあ、立ちあがって、気を楽にしてください」

と、ほほえみながらいうのでした。

マンショとミゲルは立ちあがると、日本のキリシタン大名の名代としてヨーロッパにやってきたじぶんたちの役目を申しのべました。

すると殿下は、日本のことをよく知っており、「ノブナガ（信長）」とか、その後に天下を統一しつつある「カンパク（関白秀吉）」などの名を口にするのでした。

「どうして、殿下はそのようなことをご存じなのですか？」

緊張がほぐれたミゲルがたずねると、殿下はまた微笑をもらして、

「毎年、お国（日本）から送られてくるパードレ（神父）たちの手紙によって、わたしも日本のことを知っています」

と、こたえるのでした。

そして、

「リスボンでの滞在中は、えんりょなくわたしの馬車をお使いなさい」

と、白い四頭だての馬車まで貸してくれました。

マンショたちはその馬車をかって、リスボンの大司教をたずねたり、さらに町をめぐって聖母教会や眺望のすばらしいサンタ・ローヤ修道院、王立病院などを見学して宿舎のサン・ロケ教会にもどりました。

ロドリゲス神父は、ローマのイエズス会の本部でおこなわれる会議に出席するため、一行と別れてひと足先にリスボンをたっていきましたが、マンショたちはリスボンに二十六日間滞在しました。

この間に、丘の上にそびえるサン・ジョルジェの古城、バスコ・ダ・ガマのインド航路発見を記念して建てられたすばらしいサン・ジェロニモ修道院をはじめ、造船場、畜産場、商店街、競技場まで見学しました。

使節たちに好意をみせるアルベルト殿下は、マンショたちのあいさつを受けたあと、避暑のためにリスボンの西北三十キロほどのところにあるポルトガルの景勝地シントラに建ったばかりの宮殿に出かけました。そしてマンショたちをこのシントラの宮殿へ招いたのです。

「世界じゅうを見てもシントラを見落としては、目かくしをして歩いたも同じこと」

という当時のポルトガルのことわざにもあるシントラの宮殿は、花崗岩《かこうがん》の山の中腹の森に囲まれた美しいところにあります。

目の前にある五百メートルほどの岩山の頂には、王冠をかぶったような古城がそびえています。マンショたちはこの古城にものぼって、一望千里、遠く大西洋まで望まれるすばらしい眺望を楽しんだことでしょう。

シントラの宮殿には、アルベルト殿下のたっての願いで、マンショたちは日本のきものに刀を差して出かけ、殿下をおおいに喜ばせました。

九月五日、使節の一行は美しいリスボンの町と気さくなアルベルト殿下たちに別れをつげると、テージョ川を船で渡って、つぎに立ちよるエボラの町へとむかいました。

エボラの町ではバリニャーノ神父と親しいブラガンサ大司教が一行の到着を待ちこがれていました。ブラガンサ大司教はどうにも待ちきれずに、執事に命じて途中まで馬車を出して一行を迎えてくれました。

ブラガンサ大司教は、のちに日本にいるパードレ（神父）たちがヨーロッパの教会に送った手紙や報告をまとめた『日本通信』という書物を出版するほどの日本びいきになりましたが、海を渡ってはるばるエボラの町にやってきた使節を迎えて、うれしくてたまりません。

町ぐるみの歓迎はその喜びのあらわれでした。

大司教はマンショたちに、これからの旅の費用を心配してくれましたが、マンショたちが日本からもってきた記念のお土産をさし出すと、

「旅はこれから、まだまださきがあるのです。途中でもいろいろな著名な方に会ったり、歓迎を受けたりするでしょう。日本からのお土産はめずらしいから、たくさんいります。ですから、わたしにはこれひとつでけっこうです」

といって、工芸品のいちばん小さな木の箱だけしか受けとりませんでした。

エボラの町には、八日間滞在しました。

その間、マンショたちは大司教座聖堂でおこなわれたミサにあずかりました。

この聖堂にはひとつの鍵盤をおすと、三様の美しいハーモニーが流れ出す大きなパイプオルガンがありました。

ミサがおわってから、マンショとミゲルがそのオルガンをみごとに弾いたので、大司教はじめミサに列席した人たちからだいかっさいをあびました。

つぎに使節の一行が立ちよったのは、スペインとの国境に近いビラ・ビソーザの町でした。

マンショたちはこの町のブラガンサ家に招かれておおいにごちそうになりました。このブラガンサ家は、古くからポルトガル王家と関係の深い家柄で、十六歳になる当主のテオドシオ公は、エボラの大司教の甥にあたります。

ブラガンサ家の財宝はすばらしいものでした。金銀製のまばゆいばかりの食器類はいうにおよばず、その食器を洗うおけ、足を洗うたらいまでが銀製なのを見て、マンショたちはただおどろくばかりで、

「日本のすべての大名たちのもっている財宝をひとつにしても、このブラガンサ家の財宝にはかなわない」

と、あきれたほどでした。

それはともかく、このブラガンサ家では、マンショたちは楽しい旅の思い出を

残していています。

テオドシオ公の母君であるカタリーナ妃がことのほか日本のきものに興味を示すので、包みをほどいてマンショたちが着用したところ、カタリーナ妃はたいへん喜びました。そしてメスキータ神父にちいさな声で、

「使節たちのきものとたびを、ちょっとお貸しください」

と、いうのでした。

メスキータ神父は、なにをするのかといぶかしがりましたが、ひとそろいのきものを貸すと、カタリーナ妃はすぐに神父のところへ返しにきましたが、つぎの朝になると、メスキータ神父に、

「こちらに日本人がひとりおいでになっています。パードレ、使節のみなさまといっしょに会ってください」

と、いうのでした。

「はて？　ポルトガルの商人のだれかが、日本人をつれてきたのかな？」

神父はそう思いながら、マンショたちをつれていってみると、なんとそこにはテオドシオ公の弟君のドアルテ君《きみ》がきものを着て立っていたのです。

ところが着方がわからず、なんとも奇妙なかっこうでした。

カタリーナ妃は笑いながら、

「おおいそぎでさいほう師につくらせたのですが、着方がわかりません。どう着るのか教えてください」

というのです。

中浦ジュリアンが走りよって、ドアルテ君にきものの着方を教えてやりました。きちんときものを着直して、日本人になったつもりのドアルテ君は、そろりそろりと部屋のなかを歩きまわって、うれしそうでした。

ミゲルとマルチノの病気

ポルトガルをあとに、国境をこえてスペインの国に入った使節の一行は、バダホスの町をへて、九月二十三日、グアダルーペの渓谷にあるサン・ヘロニモ修道院に到着しました。

この修道院は当時のスペインでもっとも豪華な修道院といわれ、礼拝堂には「グアダルーペの聖母像」と呼ばれている有名な聖母像があります。

この聖母像は、イエスの伝記のひとつである福音書『ルカ伝』を書いた使徒ルカのつくったものといわれていますが、戦争のため数百年もの長い間行方不明になっていました。それを一三三〇年に、ひとりの信者が発見したのです。それ以来この聖母像は〝奇跡の聖母像〟とあがめられ、巡礼をする信者たちには見落とすことのできない聖遺物のひとつになっているのでした。

マンショたちもこの聖母像に祈りをささげ、旅の平安を祈りました。そして、人里を遠く離れた深い山のなかで、六百名をこえる修道士たちがたくさんのニワトリを飼って祈りと労働の生活を静かにおくっているこの修道院に二日滞在したのち、ターホの荘厳な谷をながめながら、つぎのトレドの町へとむかいました。

トレドではあいにく大司教が不在でしたので、連絡を受けていたメンドーサ副司教がマンショたちの世話をしてくれました。

メンドーサ副司教も、使節の到着を待ちわびていました。少しでも一行の旅のつかれをいやそうと、町の外に四頭だての馬車を出むかせていました。また一行を歓迎するために、イエズス会の神学生たちも馬にのってやってきて、一行が到着すると宿舎の修道院まで警護をしてくれました。

町に入ると、せまい街路は日本人をひと目見たいと願う群衆でごったがえしていました。建物の窓という窓からは、町の人たちがすずなりに顔を出して見おろしていました。たいへんな歓迎ぶりで、やっと修道院にたどりついた一行は、馬車からおりるにも苦労するほどでした。

バリニャーノ神父は、「人目につかないように」と、メスキータ神父へ手渡した〝訓令書〟のなかで指示しましたが、「人目につかない」どころではありません。おとずれる町での歓迎ぶりはだんだん大きくなり、注意事項も守れなくなってきて、メスキータ神父も頭を痛めるのでした。

トレドの町は三方をタボ川（この川は隣国ポルトガルのリスボンから大西洋にそそぐテージョ川の上流）の流れに囲まれた、小高い丘の上にあります。そして茶色い寺院の塔や建物がぎっしりと建てこんで、青い空に美しくはえています。

丘の上にもりあがったその町の姿は、遠くからながめると、チョコレートでたくさんの建物をつくった大きなデコレーション・ケーキのようにも見えます。

スペインのこの古い町は、使節たちにもリスボンとはまたちがった感動をあたえたようでした。

随員のひとり、コンスタンチーノはトレドの印象について、

「われらは高貴なるトレドの町を見ました。市はテージョ川に囲まれ、かなり高い山上に建設されています。……この市には二万五千五百余名の人たちが住んでおり、女子修道院が二十三、男子修道院が十三もあります。また病院が八つあります。家はほかのヨーロッパの町と同じように石やしっくい、石材でつくられ、日本の家とはくらべられないほどすぐれた建築法によって建てられています」

と、語っています。

またマンショたちは、八つの門のあるトレドの大司教座教会《カテドラル》の大きなことにもおどろきました。ミゲルはその大司教座教会について、

「内部にはふたつの大礼拝堂のほか、二十もの礼拝堂があちこちにあって、そのひとつひとつが大きな寺院だといえるくらいです。——こういえば、伽藍《がらん》（寺院

などの建物）全体のとてつもない大きさを察していただけるでしょう……」

と、のべています。

ミゲルばかりか、現在の旅行者でもこの寺院の大きなことと、各礼拝堂、部屋にかざられているきらびやかな聖遺物の数々には目をうばわれるでしょうし、寺院内はうす暗いので、気をつけないと迷子になってしまうかもしれません。

当時のトレドの町は、商売も盛んな町でもありました。

りっぱな絹布、金細工、そのほかの高価な商品をあきなう店がたくさん軒をつらねていました。随員のコンスタンチーノは、「装飾のゆきとどいた街路にいろいろな工人（職人）が満ちていた」とも書いています。

しかし、このトレドでマンショたちをもっともおどろかせたのは、丘の上まで水道が敷かれていることでした。

水道はタボ川の水を水車を使って階段のようにつないだ導管に流し、八百メートルも離れた町のいちばん高い広場までおしあげているのでした。

この水道工事は、イタリア生まれのジャアネロ・トリアーノという老技師の工夫になるものでした。その名を聞いたマンショたちは技術についてのはなしをうかがおうと、さっそくトリアーノ老人をたずねましたが、こんどはそこで千八百個もの部品や歯車を使った精密な天球儀を見せられて、またまたおどろいてしまったのです。

銀製のこの天球儀は、町の人たちから「世界にふたつとない」といわれるもので、天体のおもな移動、太陽、月、惑星、そのほかの星の運行から、日食、年、月、日、時、主の日（日曜日）までも正確な金の数字で指し示し、そのうえ六時間ごとに四度音が鳴るように工夫されていました。

「さすが世界にふたつとないものだ。このようなすばらしいものをつくるには、どのくらいの年月がかかったのですか？」

と問うと、

「つくるには三年半かかったかな。でも考えるのは二十年かかったよ……」

トリアーノ老人はミゲルたちの顔を見ながら、しょぼついた目に笑みを浮かべていいました。

「トレドの町には、ヨーロッパの一流の都市を美しくしているものが、なにからなにまでそろっている――」

と、ミゲルが語るほど印象深い町でしたが、数日後にそのミゲルが高い熱を発して、重体におちいってしまいました。

口もとからのど、さらに全身にわたって無数の疱瘡《ほうそう》があらわれ、食べるものをすぐに吐いてしまいました。

実はこの年、トレドでは疱瘡（天然痘《てんねんとう》）が流行し、人口の一割にも近い二千名もの子どもたちが亡くなっていたのです。ミゲルはそれに感染したらしく、容態はますます悪化していきました。

町からはふたりの名医が選ばれて、ミゲルにつききりで治療にあたってくれましたが、メスキータ神父は心配でなりません。

神父はこの地で、快活で人なつこいミゲルを失うかもしれないと思いました。

長崎を船出するとき、バリニャーノ神父にすがりついて泣きじゃくったミゲルの母のこと、「かならず少年たちを日本につれ帰ってきます」と使節の肉親たちに誓ったバリニャーノ神父のことを思い出しながら、メスキータ神父は両目を涙ではらし、ひたすら神に病の快復を祈りました。

マンショたちも、何度となく聖堂に出むいてミゲルのために祈りました。ミゲルの容態を耳にした町の神父や修道士たちもミゲルの快復を心から願って、神に祈ってくれました。

そのかいがあって、ミゲルのからだからは疱瘡のあともほとんど消え、発病してから十六日めになって奇跡的に全治したのです。

元気になったミゲルを見て、メスキータ神父はほっと胸をなでおろしました。そして思わぬ長逗留をしてしまったトレドの町をあとに、つぎのマドリードへいそぎました。

トレドから当時ヨーロッパじゅう、いや世界じゅうにその名をとどろかせていたスペインの国王フェリッペ二世のいるマドリードまでは、一日の行程です。

十月十九日、一行は滞在中おせわになったメンドーサ副司教たちに別れをつげ、貴族のブラガンサ侯がまわしてくれた馬車にのってマドリードにむかうと、マドマドリードの方から四頭の白馬がひく馬車が四台もやってきました。

りっぱな馬車をまわしてわざわざ出迎えにきてくれたのは、マドリードの伯《はく》爵《しゃく》たちでしたが、好意を断ることもできません。

使節の四人はそれぞれの馬車にひとりずつのって、マドリードへむかうことにしました。

ところが、このころから、こんどは原マルチノが高熱を発し、脈拍も不規則になって、からだにミゲルと同じ疱瘡の症状があらわれてきました。ミゲルの病がいちばん年少のマルチノに感染したのです。

旅の移動中で、しかも平原のまっただ中ではなんの手当てもできません。

メスキータ神父はマルチノの馬車にいっしょにのりこみ、容態を気づかいながら、とにかくマドリードへの道をいそぎました。

マドリードへ着いても、マルチノの容態はますます悪化するばかりでした。

四人の名医たちがマルチノの治療にあたってくれましたが、そのうちのひとりは、マルチノの病気を知ったフェリッペ国王の要請でかけつけてくれた、国王侍医頭のバーレス医師でした。

治療法は患者のからだに針を刺して大量の悪い血をとるというもので、当時のヨーロッパでさかんにおこなわれていたものです。

マルチノは、この苦しい治療を三日つづけ、七日めにどうにか危機を脱しました。

折から、マドリードでは六歳になる皇太子の立太子式が迫っていました。その式典に列席するため、全国各地から多くの貴族や高位聖職者、各国大使たちが集まってきていました。それらの人たちがめずらしい日本の使節にあいさつしようと、つぎつぎに宿舎の修道院をたずねてきます。メスキータ神父は、マルチノの病気快復に気をくばりながら、毎日いそがしい応対の日をおくっていました。

スペイン国王に会う

発病してから十五日ベッドに横になっていたマルチノがすっかり元気を取りもどしたので、メスキータ神父はさっそく宮殿に出むきました。そしてフェリッペ国王に、遠い日本から使節の少年たちがヨーロッパへきた目的を語り、謁見（君主など地位の高い人に会うこと）をたまわるよう申し出ました。

神父はあわせて、数日後に迫っている皇太子の立太子式にもふれ、

「皇太子殿下の立太子式は、世界に聞こえた壮麗きわまりない盛大な式典でありますから、どうかその晴れの儀式を使節の少年たちに見せて、帰国後日本人たちに伝えさせてください」

と、申し出たのです。

すると国王は快く神父の願いを許してくれました。さらに、

「いまはあれこれといそがしいから、立太子式がすんだら使節の少年たちとも親しく引見しよう」

と、マンショたちの謁見の願いをも聞き入れてくれたのでした。

国王は式典のおこなわれる前日に、サン・ヘロニモ修道院の聖堂にわざわざ出むき、みずから式場内を見てまわり、すでに伯爵夫人たちの席にきまっていた席を指さして、

「この席を、はるばる日本からやってきた使節一行にあたえよ」

と、係のものに命じて、最良の席をマンショたち一行にあたえてくれました。

当日は、二、三日降りつづいた雨もすっかりあがって、おごそかで晴れやかな式典をおこなうには申し分のない晴天にめぐまれました。

マンショたち使節の一行は、王宮からさしまわされたきらびやかな馬車をつらねて、式場のサン・ヘロニモ修道院へむかいました。

当時六歳になったばかりの皇太子の立太子式は、荘厳なミサからはじまりました。

銀色の服を着た世継ぎの皇太子の前にすすみ出て、忠誠を誓う王族はじめ、ヨーロッパ各国から列席した聖職者、公爵、伯爵、大使たちの数は九十二名、当時のヨーロッパにおけるスペイン国王の権力――、いやキリスト教の布教にも力を入れて「救世者」ともいわれた国王フェリッペ二世の権威のほどが知られます。

この日はちょうど、聖マルチノの祭日にあたるキリスト教の祝日でもありました。マンショたちはその聖者の名を霊名にもらったマルチノの病気でマドリードに長逗留することになり、スペイン王国における重要で荘厳な儀式を目のあたりに見ることができたのです。

――国王への謁見は、盛大な立太子式のおこなわれた三日後の十一月十四日におこなわれました。

　フェリッペ国王はマンショたちの宿舎に使者をつかわし、

「使節一行の到着が宮殿の上からよくながめられるよう、おおぜいの随員をつれてこないように……」

と、特別なことづけを伝えてきました。

　メスキータ神父は「はて、どういうことだろう？」といぶかしがりましたが、国王の望みとあればそのとおりにしなければなりません。

　神父は国王からのことづけを承諾しましたが、実はフェリッペ国王にはおかしな性癖《せいへき》があったといわれます。

　国王は妃が輿《こし》入れしてくるとき、わざわざ変装をして妃の行列にまぎれこんで、妃の人となりを観察したり、高貴な人たちが王宮に出入りするときには、人目につかないようにそっと宮殿のものかげからその人を観察したりしたといわれます。

　好奇心がおうせいなのでしょう。

　それはともかく、いよいよ国王謁見の日がやってきました。

　マンショたちは、宿舎の修道院で日本からもってきた花鳥模様のきものとはかまに身を整えると、腰に二本の刀を差して、白いたびにぞうりをはきました。

そのとき、メスキータ神父は、

「帽子をかぶりなさい」

と、いいました。

マンショたちが首をかしげると神父は、

「日本人の正装としては、それでけっこうですが、ヨーロッパでは頭になにもつけずに高貴な方をたずねるのは、失礼にあたるのです」

と、いって、インドでつくったフェルトの帽子をかぶっていくことになりました。

きものにフェルトの帽子では、日本人が見たら苦笑をもらしてしまうような姿でしたでしょうが、一行は王宮からさしまわされたりっぱな儀装馬車にのって、ともかく宮殿へむかいました。

途中の沿道はひと目日本の使節を見ようとする大群衆でごったがえし、宮殿の門がどこにあるのかわからないほどでした。

いよいよ馬車が宮殿の門をくぐると、マンショたちは緊張で身が引きしまりました。

一行は玄関に待つ侍従長にていちょうに迎えられ、それから案内されながら赤いじゅうたんを敷きつめた廊下をすすみ、十二の部屋を通りぬけていちばん奥にある部屋に通されました。

そこには、すでに立太子式場で横顔を見た国王をはじめ、皇太子、王家の人たちが待っていました。

このように宮殿の奥の間に通されることは、あまりありません。国王の特別なはからいによるものでした。

国王の前にすすみ出たマンショたちは、ひざまずいて国王の手に口づけのあいさつをしようとしましたが、国王は手を出しませんでした。

マンショたちは緊張していて、なにか失礼があったのかと思いましたが、フェリッペ国王もポルトガルのアルベルト殿下と同じように貴賓者《きひんしゃ》に対する礼儀を断り、マンショに立ちあがるように促すと、両手をひろげて笑みを浮かべながらマンショを抱擁したのです。

それは正使のマンショとミゲルばかりではありません。副使のジュリアンやマルチノ、いや部屋の片隅で緊張のあまり表情のない彫像のようにつっ立っていた随員のコンスタンチーノとアグスチーノにまで声をかけ、同じように抱擁のあいさつをもって、親しく迎えてくれました。

その国王は、なによりも使節たちの着ていったきものに目をうばわれたらしく、手でふれながらいろいろと質問しました。

国王の問いにこたえるメスキータ神父は、

「日本のきものというのは、もっと美しいものですが、なにしろ久しい年月を海をこえてやってきましたので、色もあせてしまいました。お見苦しい点は、お許しください」

と、いいました。

「いや、それにしても美しい」

国王は感嘆しながら、こんどはマンショたちが腰に差している刀を手にして、

「このさやはどのようにしてつくられるのか？　刀身はどのようにしてつくられるのか？」

などとたずね、マンショたちのはいているぞうりまで手にとって、国王の「好

奇心おうせいぶり」を発揮していました。そして、

「使節たちは、スペイン語がはなせるか?」

と、神父にたずねました。

「いいえ、スペイン語は学んでおりません。旅の間は日本語ではなしをしております」

と、こたえると、国王はうなずいて、

「長い旅で、母国語を忘れないためにもそれは必要なことだ」

と、いうのでした。

国王はそれからしばらく、日本のこと、長い旅のこと、使節の少年たちの健康を気づかうなど、心づかいをみせてくれましたが、そのうちに使節が日本からもってきた金蒔絵の手水鉢や、漆《うるし》ぬりの引き出しのついた小箱、竹かごなどの日本の工芸品をお土産としてさし出すと、国王は漆ぬりの小箱がことのほかお気に入りのようで、しばらく手にとってながめていました。

そしていよいよマンショとミゲルが、三人の日本のキリシタン大名から託されてきたあいさつの書状を国王に奉献（つつしんで献上すること）するときがきまし

た。

　マンショは美しい箱に収めてたずさえてきた豊後の領主大友宗麟の書状を、うやうやしく国王にさし出しました。

　メスキータ神父が書状にそえてあるポルトガル語のほんやく文を読みおえると、国王は、

「日本文のほうはどう読むのか?」

と、いいました。

　同行のロヨラ修道士が神妙な顔つきで読みあげると、国王はわざわざ修道士のところへやってきて、わきから、

「日本の文字は、上から下へと読むのか。それに日本の文字はヨーロッパの文字がおわるところから反対に（右から左へ）書きはじめられている」

と、おどろいた表情をして、部屋にいる王家の人たちといっしょにおおいに笑うのでした。

　こうして、うちとけた楽しい雰囲気のうちに、マンショたちがヨーロッパへやってきた第一の役目はおわったのです。謁見をおえて部屋を出ると、侍従長はメス

キータ神父の耳もとへちいさな声で、

「国王は気むずかしいかたですが、あのように快活で、うちとけた気分になられたのを見るのは、とてもめずらしいことです」

と、いうのでした。

威厳のある国王も、遠くからやってきた少年たちというわが子のようなかわいらしい使節に接して、心をなごませたのでしょう。マンショたちもいつくしみのある国王に接し、王家の人たちとともに宮殿内の聖堂でおごそかな夕べのミサにあずかり、感激しながら王宮をあとにしました。


大成功のうちにフェリッペ国王への謁見をおえたマンショたちは、二日後の十一月十六日、こんどはマドリードの西北五十キロほどのところにあるエル・エスコリアールの宮殿を見に出かけました。

メスキータ神父から、

「ヨーロッパのキリスト教文化のすばらしさを見学させることも、使節派遣の目的のひとつです」

という、計画立案者バリニャーノ神父の意図を聞かされた国王としては、どんなことがあっても完成したばかりの豪壮・華麗なエル・エスコリアール宮を見せないわけはありません。

そのエル・エスコリアール宮は、標高千メートルほどのグアダラマ山系の南のふもとに建てられたもので、正面二〇七メートル、奥行一六一メートルというほぼ四角い形をした建物で王宮と聖堂、修道院の三つからなっており、窓の数一万一千、部屋の数千五百、「当時世界でも屈指」といわれる大建築物です。

この壮大なエル・エスコリアール宮は、国王が二十二年をかけ、「毎日二千人の労働者をたえず督励し、労役させ」、とほうもない工事費をかけてつくったもので、マンショたちが訪れるわずか二か月前に、やっと「最後の石をすえおえて」、完成したばかりでした。

現在でもここをおとずれたものは、みな同じように巨大な石の建築物を見ておどろきの声をあげずにはいられないでしょう。あらためて当時のスペイン国王の権勢の偉大さを見る思いがします。

使節の一行もただ心をうばわれ、

「その豪奢《ごうしゃ》、華麗《かれい》、壮大さは、なんぴとも筆にしえないでしょう。ことばに熟達した人でも、口ごもってしまうでしょう」

と、その印象を語っています。

マンショたちは、

「ここにこられた記念のため、なにか日本語で書き残してください」

という宮殿の人たちの望みに対して、筆の達者なロヨラ修道士が、さっそく日本からたずさえてきた用紙に、つぎのような一文をしたためました。

「いままで見たこともなければ、見られようとも思わなかった、このようにすばらしいエル・エスコリアール宮を見て、賛嘆し満足すること、このうえもございません。三年におよぶ苦難の旅を重ねてきただけのかいがありました。

天の主よ。国王陛下は主への愛からこのようなすぐれた教会を地上にお建てになられたのですから、つぎには国王陛下に対し、天上において栄光限りない住まいをたまわんことを。せつにそれを望みます……」

と、書き記しました。

使節の一行は、この宮殿に三日いました。

それでも豪華にかざられた部屋をぜんぶ見ることは、とてもできなかったでしょうが、マンショたちは宮殿を見学中、泉のある静かで広大な庭園に飼われているインド産の象やサイなどの珍獣を見て、マドリードへ帰っていきました。

このあと、ロヨラ修道士はバリニャーノ神父に命じられていた印刷術習得のため一行と別れ、リスボンへ引き返していきました。そして教皇への謁見をおえた使節の一行がローマを去るころ、ローマへかけつけてふたたび使節にくわわるのです。

熱狂的な歓迎

フェリッペ国王のおひざもと、マドリードに三十六日間滞在したマンショたちは、十一月二十六日、ふたたびイタリアのローマにむかって長い旅にたつことになりました。

出発にさきだって、フェリッペ国王は多くの贈り物、これからの旅費、馬車までたまわったばかりか、今後の日本の教会への援助も約束してくれました。

そのうえ、これから使節が立ちよる自国内の町や都市では、どこでも一行を手厚くもてなすよう特別な指令まで発し、マドリード出立の日が近づくと、わざわざマンショたちが宿泊している修道院まで出むいて、旅立つ使節たちになお慈愛に満ちた心づかいまでみせるのでした。

「国王陛下は、日本からきた高貴な使節の少年たち一行に、できることはすべてやられた」

といううわさが、マドリードじゅうにひろがるほどでした。

バリニャーノ神父はメスキータ神父に手渡した「訓令書」のなかで、「盛大にして公《おおやけ》の歓迎などはていちょうに謝絶するように」と、書きました。旅のさきざきの宿泊所にも、わざわざ質素なイエズス会の修道院や教会を選ぶよう指示しました。使節一行の人数を十名たらずにしたのも、私的な使節ですから、「もののしくならないように」、人目につかないようにという考えからでした。

メスキータ神父は細心の注意をはらってマンショたちを引率していましたが、

リスボンに到着してからはどこでもすばらしい歓迎つづきで、神父も頭をかかえることが多くなってしまったのです。

考えてみれば、むりもないことです。

当時のヨーロッパの人たちには、はじめて目にするこの世のはてからやってきた日本人です。めずらしさもあるでしょう。それに使節の少年たちのけなげさ、万里の波浪をのりこえてきたその勇気、長い旅路の苦労、困難などに思いをはせれば、歓迎する側はどんなに歓迎してもたりないと思うのは当然のことでしょう。

ところが、マドリードでフェリッペ国王に謁見をたまわり、破格とも思える栄誉を受けたニュースが伝わると、事態はさらにすさまじいものになっていきました。

国王みずから一行の立ちよるさきざきの町に、厚遇するよう指示したこともあるでしょう。それに、国王にさし出した書状にはマンショについては「日向王（豊後領主）の甥《おい》」、ミゲルについては「有馬王のいとこ」とあるのが、どこでどうまちがったのか、使節たちを「日本の一地方の大名の名代」ではなく、「日本国の王子にあたる少年たち一行」といった誤ったニュースがひろまったこともあって、マドリード以後の各地での歓迎ぶりは、どこでも熱狂的といえるものになっていったのです。

十一月二十六日にマドリードをたった使節の一行は、国王から贈られた国王の紋章のついたりっぱな馬車をつらねて、晩秋のスペイン平野を南にくだり、アルカラ、ビリャレホ、ベルモンテの町に立ちよっていきました。

アルカラは『ドン・キホーテ』を書いたスペインの小説家セルバンテス（一五四七年～一六一六年）の生まれたところです。『ドン・キホーテ』の刊行は一六〇五年ですから、マンショたちが立ちよったころはまだこのユーモアあふれる文学の傑作は書かれてはいませんでした。

アルカラは当時、「大学の町」として知られていました。

使節の一行が到着したのはちょうど夜で、大雨が降っていました。そのため町をあげての歓迎ぶりには出あわないですみましたが、それでも「王族と大学へくる使節を迎えるとき以外は学校から出ない」といわれるほど権威のある学長が、教授一同をともなって宿舎の修道院へあいさつにやってきました。

つぎの日、マンショたちは大学に出むいて、当時の日本にはない学校というものの施設や制度を見学し、学生の博士号授与式に列席しました。そしてアルカラの町に三日間滞在したのち、つぎのビリャレホへと発っていきました。

アルカラとビリャレホにいくには、いくつもの岩山が重なっており、深い谷や川があるので旅人には難渋を強いられるところです。

アルカラをたった二日めの夜、マンショたちがけわしい山道にさしかかると、とつぜん後方から大きな物音が聞こえ、叫び声があがりました。

あたりはまっくらやみです。なにがおこったのか、まったくわかりません。

「山賊が襲ってきたのでは……」

マンショたちはびっくりしましたが、メスキータ神父が灯をともしながらようすを見にいくと、なんと随員のコンスタンチーノとアグスチーノ、荷物係として一行にくわわっていた中国少年の三人ののっていた荷馬車が悪路につまずいて転倒し、三人が馬車の下敷きになっていたのです。

折から、また大つぶの雨が降ってきました。救助作業は困難をきわめましたが、やっと三人を馬車の下から引き出しました。アグスチーノだけが胸に軽い傷を負っただけですんだのは、幸いなことでした。

一行がビリャレホをへて、ベルモンテの町に入ったのは十二月二日の夕方でした。

一行の到着を首を長くして待っていた町の人たちは、かがり火をたき、祝砲をとどろかせて迎えてくれました。夜になると町の広場では「三段櫓の船と鯨の決闘」という奇妙な組み合わせの大花火を打ちあげて、マンショたちをおどろかせました。当時のヨーロッパの世界地図を見ると、大海には怪物や大魚の絵がよく描かれています。海にはおそろしいものが棲んでいると信じられていたのです。仕かけた花火には、そういう海原をのりこえてヨーロッパへやってきた使節たちの勇気をたたえた意図がもりこまれていたのかもしれません。

マンショたちは、このベルモンテの町に二日間滞在しただけですが、その間に学生たちによる使節の旅をモデルにした二時間におよぶ劇も上演されました。意匠をこらしたこの町の人たちの歓迎ぶりに、マンショたちも心をなごませたことでしょう。

また、使節たちが宿泊した神学校の創立者であるドニャ・フランシスカという貴婦人の歓待ぶりも心のこもったものでした。

食事には十種類以上のごちそうがならんだばかりか、わが子に対するようにマンショたちに親しい愛情を示し、砂糖でいろいろなお菓子までつくって喜ばせてくれました。

出発のときには、

「これからの道中には、あまり産物のない土地を通ることになりますから、これをもっていきなさい」

と、鳥やニワトリ、子ヤギ、パン、果物、貯蔵食品など数日分の食料まで届けてくれました。

もうひとり、このベルモンテの町で忘れられないのは、一行の宿舎となった神学校の院長であるルイス・グスマン神父のことです。

グスマン神父はのちに『東方伝道史』という大きな書物をあらわしました。日本のキリシタンの歴史を研究する人たちにとって、この書物はたいへん貴重なものですが、神父がこの書物をあらわすきっかけをつくったのは、マンショたち使節の少年たちの「あつい信仰」に深く感動したからだといわれています。

グスマン神父は使節たちに、

「町の人たちがみなさんに会いたがっていますから、町のミサに列席してください」

といったところ、マンショたちは、

「わたくしたちはおん主デウスのおん前では平静でありたいのです」

と、いって神父の申し出を断りました。

神聖なミサにあずかるには敬虔な心でのぞみたいので、人びとからさわぎたてられたくないというのでした。

また、町の人たちの歓迎ぜめにあい、夜の十一時をすぎてようやく宿舎に帰ってきた使節たちがなにをしているのか、グスマン神父がそっと部屋へようすを見にいったところ、マンショたちはまだベッドにつかず、寝台の下にひざまずいているのでした。

「なにをしているのですか。つかれたでしょう。早くおやすみなさい」

と、神父がいうと、マンショたちは、

「いま一日の反省をしているのです。これがすんでから、やすみます」

とこたえたので、グスマン神父はそのひたむきさに心をうたれました。

十二月五日、グスマン神父やこまごまとおせわになったドニャ・フランシスカ夫人たちと別れを告げて、マンショたちはベルモンテの町をあとにしました。

つぎに立ちよったムルシアでは百名をこえる町のおもだった人たち全員が盛装して、途中まで一行を出迎えにきてくれました。

町に近づくと、四千名もの銃兵がいっせいに歓迎の祝砲を撃ち鳴らし、塔楼《とうろう》からも大砲の音がとどろきました。

町の人たちはひと目一行を見ようと窓辺に立ち、屋根にまでのぼるというおおさわぎでした。

一行がその年の降誕祭を祝ったのは、このムルシアの町でした。

またつぎのオリベラでは、城塞にある百門以上の大砲が町の空をとどろかせました。

このオリベラの町あたりからつぎのエルチェにかけては、背の高いヤシの木が多く目についてきます。マンショたちはバリニャーノ神父と別れたインドのゴアに思いをはせたことでしょう。そして年が改まった一五八五年一月三日、マンショたちはふたたび船で、イタリアへ渡るべくスペインの海の都アリカンテにたどりつきました。

その前々日からこの地の貴人の別荘に招かれたマンショたちは、静かな郊外の別荘で旅のつかれをいやしながら、バリニャーノ神父や日本のふるさとにいる父母、肉親たちにあててたよりを書きました。

これまでの長い旅の苦労や楽しい思い出がつづられたであろうこれらの手紙は、残念ながらインドのゴアにも日本にも届きませんでした。マンショたちの書いた手紙を積んだ船は、おそらくリスボンから喜望峰をまわってゴアまでいく途中遭難し、なつかしい手紙は船とともに海のもくずと消えてしまったのです。

けなげな少年たち

一五八四年の八月十日リスボンに上陸した使節の一行は、五か月ほどの旅をつづけて、いまやっと広大なイベリア半島を横断し、船でイタリアにむかうべく地中海に面したスペイン東南部にあるアリカンテの港町までやってきました。

ここで、ちょっとひと休みして、世界地図でも参照して少年使節たちがたどってきた旅のあとをふり返ってみてください。

長崎を船出してから、もうひと月半ほどで使節たちの旅も三年になります。長崎からの旅路をたどってみると、インド洋を越え、アフリカ大陸の南端の喜望峰をまわり、ポルトガルのリスボンからスペインの各地を経て、イベリア半島を横断し、アリカンテまで、よくもこれだけの旅を重ねてきたと、だれもが吐息のひとつももらすことでしょう。しかし、旅はまだ半ばなのです。

正使の伊東マンショと千々石ミゲルも、もう十六歳。最年少の原マルチノも十五歳になり、いちばん年長の中浦ジュリアンも十七歳になりました。少年から青年になる年ごろで、現代なら高校生、ニキビを気にする年ごろでしょうか。

しかし若いからといっても、やはり旅というものはつかれるものです。実は少年使節たちの手記をもとにして編まれた「旅の対話録」や、その他の当時の記録集にも、マンショたちが味わったであろう旅のつらさ、苦しさといったものは、ほとんど記されてはいません。

勝手気ままな旅であれば別でしょうが、見知らぬ国への使命をおびた旅というものは、つかれるものです。それにくわえて歓迎つづき、つぎからつぎへと目をみはるばかりの豪華な、「ヨーロッパにおけるキリスト教文化の威光」を見せつけられるということになれば、気づかれも多く、口もききたくなくなり、ぐちをこぼしたりひとりになりたいと思うことも、いちどならずあったでしょう。

ローマへいったこの少年使節の物語を書くために、わたしも生まれてはじめてヨーロッパへ出かけていきました。

わたしの旅はひと月たらずの取材旅行でしたが、ポルトガルのリスボンを皮切りに、その後の少年使節たちの足どりを追って、せわしい旅をつづけました。ことばが不自由なうえに、食べもの、風俗、習慣、気候のちがいなどから、五日めにして気づかれによるストレスをおこし、からだじゅうにじんましんができてしまいました。

「ミゲルやマルチノと同じように、疱瘡にかかったのかな？」

と、じょうだんに思ったものでした。

その日の宿を探しながら、毎日のように見知らぬ土地を移動していく旅は、つらいものです。

それでも、ユメにまで見た〝ヨーロッパ〟です。目につくものは楽しく、すばらしいものばかりです。

シントラの宮殿やエル・エスコリアール宮、トレドの町などでは古い壁に手をふれて、

「マンショやミゲルたちも、この壁に手をふれたのではないかな？」

などと、心をはずませていましたが、十日もすぎると、もう名所・旧跡の見学にもあきてきました。

そういうものがあまりにも多く残っているのです。イタリア各地をまわるころには、気づかれも多くなり、つかれも重なって、見学したいと思っていたものも見にいかずにホテルのベッドに横になることが多くなりました。そして人の顔さえ見るのもいやになり、何度早く日本へ帰ってじぶんの家の畳の上にごろりと転がりたいと思ったかしれません。

旅のさきざきで写したスナップ写真の顔は、どれも額にしわをよせて、おこったような顔をしているものばかりでした。帰ってきてからはつかれもとれず、旅に出ていた日数くらい、ぼんやり、ごろごろしていました。そしてたずねてくる友人たちに、

「もう長い旅はごめんだな。つかれることのほうが多いよ……」

などと、語ったものでした。

わたしは少し、なまけものなのかもしれません。しかし、マンショたちは、どこでもいやな顔ひとつ見せず、その町々での歓迎にこたえています。

どこの町でも一行に接した人たちは、

「使節の少年たちの態度は、りっぱで好感がもてる。東洋のはずれにある日本と

いう国には、あのように礼儀正しいものばかりが住んでいるのだろうか？」

と、好印象をあたえています。

この点からすれば、計画の立案者バリニャーノ神父の脳裏にあった、「使節をおくることはまだ日本を知らないヨーロッパの人たちにも日本を知らせる良い機会になる」という、ひとつの思いは大きな実を結び、日本のためにも喜ばしいことであったにちがいありません。

マンショたちがキリスト教信者としての大きな使命感に燃えていたことは、たしかでしょう。

しかし、何年にもわたる困難な長い旅です。これほどの旅になるとは、マンショたちも考えなかったのではないでしょうか。緊張しつづけていることは、とてもできないことです。精神のゆるみといわないまでも、肉体的なつかれのようなものが、どこかにほの見えてもいいと思うのです。

「メスキータ神父、すみません。きのうの大歓迎で、きょうはつかれてまだベッドからおきられません。もう少し休ませてください」

とか、

「また歓迎パーティーですか。もうパーティーはつかれました。きょうはやめて早く寝かせてください」

というようなことは、いちども口にしていません。

そういうふりをいっさい見せようとせず、気を張りつめて旅をつづけているところに、少年たちのけなげさと、いかにも日本人らしい悲壮感を感じるのです。そして歓迎つづきの記録を読みながら、思わず目頭が熱くなったり、こちらがかわりに吐息をついてあげたくなるのです。

すでにフェリッペ国王からの命令が届いているアリカンテの港では、イタリアのリボルノへむかう堅牢な大きな船が使節一行のために用意されていました。

船は三十四門の大砲を備え、使節を警護する多くの兵士たちまでのっていました。

マンショたちにあてられた船室は、華麗な装飾がほどこされ、ぜいたくな食料までがたくさん積みこまれていました。これらはみな、国王の心づくしです。

船はアリカンテ滞在十四日めの一月十九日に一度出航しましたが、スペインの沿岸を少し離れたところで逆風にあい、港に引きかえしてきました。

　日を改めてふたたび出帆しましたが、このときもまた沖合で逆風にあい、それ以上すすむことができませんでした。

　三度めは、二月七日のことでした。

　やはり風向きは思わしくなく、船は東の風に吹きあおられて、思うようにすすんでくれません。

　荒れる海や逆風と闘うこと八日間、船はどうにかアリカンテから三百五十キロほどのところにあるバレアレス諸島の主島マヨルカ島（マジョルカ島）の近くまでやってきました。

　船長は国王の命を受けて細心の注意をはらいながら航海をつづけていましたが、もうどうにもなりません。船をマヨルカ島の北東部にあるアルクディアというちいさな港に、避難させることにしたのです。

　――いや、実は冬のしけの海は、もうおさまろうとしていました。そのまま船首を北東にむけて地中海の海原を横切り、船をリボルノへすすめることはできたのです。

ところがわざわざマヨルカ島に立ちよって、船を四日も泊めたのは、海賊たちの目を逃れるための船長の作戦だったのです。

マンショたちがアリカンテを出帆するとき、

「日本の使節は、ばく大な金をたずさえている」

と、いううわさがひろまっていました。

当時、地中海のこのあたりの海を荒らしまわっていたアルジェリアの海賊王の率いる「海賊軍団」がそれを聞きつけないわけはありません。

もちろん、使節たちの乗った船をつけねらっている海賊軍団の船が見えたわけではありません。このあたりで襲われる船が多いので、船長は機転をきかせて船をマヨルカ島の小さな港へ寄港させたのでした。

「わたしたちの船を海賊王の大艦隊の災いからまぬがれることのできるように、三度も避難せしめられたのは、主なるデウス（神）のたれたもうた特別のいつくしみと大きなご慈悲でありました」

と、ミゲルはこのときのことをのべています。すると、アリカンテの港で「逆風で船がすすまぬ」と二度も引きかえしたのも、神の啓示を受けた船長の周到な作戦だったのでしょうか。

こうしてマンショたちをのせた船は、五日後マヨルカ島のアルクディア港を出帆、進路を北東にとって船をすすめ、三月一日、海の中にいくつもの白い灯台の立つリボルノ港に入港し、イタリアへの第一歩をしるしました。

花の都フィレンツェ

リボルノは長靴のような形をしたイタリア半島の中北部にあるちいさな港町です。当時はトスカーナ大公国の地中海貿易港として栄えていました。

そのころのイタリアは、まだひとつの国家として統一されてはいませんでした。トスカーナ大公国の北にはモデナ領、マントバ領、ベネチア（ベニス）共和国、ミラノ太守領、ジェノバ共和国などがあり、南にはローマ教皇領、ナポリ王国など、大小のたくさんの国に分かれていました。

使節の一行が到着したという知らせをリボルノの代官から受けたトスカーナ大公国の大公フランチェスコ一世は、さっそく三台の馬車と多くの重臣たちをリボルノにむかわせ、一行をピサの宮殿へ招きました。

宮殿に到着すると、大公はおおいに喜んで、めずらしいきものを着た使節のひとりひとりを抱擁のあいさつで迎え、

「このような日本の王子、このようなキリスト教徒を、イタリア全王侯のなかで最初に迎えることができるのは、デウス（神）の格別のおぼしめしです」

と、感動深く語りました。そして、敬意をあらわすためにマンショの左側を歩き、一行を大公妃の待つ部屋へ案内し、宮殿でゆっくり旅のつかれをいやしていくよう、心づかいをみせてくれました。

メスキータ神父は、

「使節の少年たちはイエズス会の修道院などに泊まることになっておりますから、お心づかいはご無用に……」

と、何度も断りましたが、大公は聞き入れてくれません。自国の領へ「地のはての日本からやってきた王子たち」を迎えた大公としては、一行がこれからおと

ずれる他国に対する面子《メンツ》の問題もあるでしょう。最高のもてなしを心がけようとするのは当然のことでした。

このピサの町には、有名な塔があります。ガリレオが振子を使って重力の法則を発見したといわれる「ピサの斜塔」です。

マンショたちは、斜塔と隣りあわせに建っている「ロマネスク様式の最高傑作」といわれるドーモ（伽藍《がらん》）におまいりをして、建てるときから傾きはじめていたというこのふしぎな鐘塔（高さは北側で五五・二〇メートル、南側五四・五二メートルですから屋上での傾斜は七〇センチ。完成は一三五〇年）を見たにちがいありませんが、斜塔についてはなにも語られてはいません。

バリニャーノ神父は、「危険があるから使節たちに高い階上などの部屋をあてがわないように」と注意をあたえていますから、メスキータ神父は傾いた塔の上に登ることは許さなかったでしょうが、マンショたちがこの塔に関してなにもふれていないのは、ちょっと残念な気がします。

しかし、使節たちはこのピサの町で、楽しい、ほほえましい思い出を残しました。

「気晴らしに」と、大公から招かれて近くの原野へ狩りに出かけて帰ってくると、マンショたちは、こんどは大公妃から盛大な舞踏会に招かれました。

すると大公妃がマンショをパートナーに選んで、踊りに誘ったのです。

マンショは一瞬ギクリとしました。おどろいてメスキータ神父の顔を見ました。

メスキータ神父もおどろきました。バリニャーノ神父の注意が、頭のなかをすばやくかすめたことでしょう。

「ダンスなど、とんでもない――」

そう思いましたが、招待を受けた身では、断ることは礼儀に反します。

神父はにがにがしく思いながらも、マンショに「踊りなさい」と合図をおくりました。

このちいさなやりとりが、臨席していた多くの貴人たちに、

「日本の王子は謙きょで、礼儀正しい」

という反響をもたらしました。

しかし当のマンショは、ダンスが踊れたのでしょうか？

そのときのことを、マンショは「旅の対話録」のなかで、つぎのように語っています。

「ひとつには、その所作（踊り方）を知らないはずかしさと、もうひとつは大公妃のような貴婦人に対する畏敬と貴族の多いことからくる生まれつきのおくびょうとが、わたしの心をかき乱しました。しかし、このような公の場ではやぼくさく見えないようにと大胆にかまえて勇を鼓し、元気を出さなければなりませんでした。ヨーロッパの舞踏がわが国の踊りといくらか似ていることが、少しは役立ちました……」

「わが国の踊り」とは、何でしょうか。

幼いころ、九州の日向のふるさとで夢中で踊った「盆踊り」か、秋祭りの踊りだったのでしょうか。このエピソードにはおくびょうだとじぶんでいうマンショの強がりが、ちょっぴり感じられて、ほほえましくなります。

マンショにつづいて、ミゲル、マルチノ、ジュリアンも踊りにくわわりました。

ジュリアンはすっかりあがってしまい、じぶんの番がまわってくると、若い女性がたくさんいるにもかかわらず、いちばん年をとった老婦人の手をとって踊り出し、しかも床につまずいてからだの大きな老婦人にたおれかかったので、場内に爆笑とかっさいがおこり、にぎやかで楽しい夕べがおわったのでした。

メスキータ神父の心づもりでは、トスカーナ大公国に長逗留する予定はありません。イタリア半島に上陸したら、一日でも早くローマをめざしたいと思っていました。

そのむねを大公に申し出ましたが、大公のほうは一行を引きとめ、それなら「灰の水曜日（復活祭を準備する最初の水曜日。この年は三月六日）」までとどまるよう、使者に申しつけてきました。そこでマンショたちは六日までピサにとどまり、七日の朝、トスカーナ大公国の第一の都であるフィレンツェ（フローレンス）にむかって、美しい松並木の道に馬車をすすめました。

フィレンツェは、こんにちでは〝花の都〟〝芸術の都〟として、世界に知られている美しい町です。もうひとつ、ちいさな町に当時からの建物や芸術品などがたくさん残されているところから、「博物館のような町」ともいわれています。

この町は、文芸を新しく復興させたルネッサンスの発生の地であり、ミケランジェロ、レオナルド・ダ・ビンチ、「ビーナスの誕生」を描いたボッティチェリー、ジョットーなどが生まれ、あるいは活躍した町です。

これらの天才芸術家たちは、フィレンツェでちいさな薬草園を営み、薬草を販売して身をおこし、ヨーロッパじゅうを相手に商業と金融業で巨万の富を築いたメジチ家に保護されて、宮殿、教会などの町の建築物、そこをかざる絵画、彫刻などの美術品を制作したのでした。

マンショたちの一行を歓迎したトスカーナ大公フランチェスコ一世も、このメジチ家の出身でしたが、マンショたちがフィレンツェをおとずれたころは、すでに全盛期はすぎていました。

とはいっても、フィレンツェの町の美しさ、『神曲』を書いた詩人ダンテが洗礼を受けた八角の洗礼堂の清らかさ、教会、大伽藍、宮殿などのすばらしさにかわりはありません。

マンショたちは、町の中央にある白とピンクと濃い緑色の大理石を、幾何学的模様でかざった「花の聖母教会」の前に立って、その美しさに思わずうっとりとし、感嘆の声をあげたことでしょう。

――いや、実は、この教会に出むいたマンショたちは、一行を見ようとして教会の周囲をうめつくした町の人たちで、教会の入口までたどりつくことができなかったのです。そして、群衆のおしよせない夜明けをねらって、三度めにやっと教会のなかに入ることができたのでした。

マンショたちは、ベッキオ宮の前に立つミケランジェロの「ダビデ」の像も目にしましたが、こんにち「天才ミケランジェロの傑作」と美術史の書物にうたわれているこの彫像については、ただひとこと、「一大巨人起立す」と、下から見あげたことを記録にとどめているだけです。

マンショたちは豪華・華麗な美術品でかざられた宮殿を見てはおどろき、金銀でかざられた調度品を見ては目をみはり、美しい庭園をながめてはため息をついていました。

なかでもプラトリーナの離宮に招かれて、さまざまな人形たちが水力で芝居を演じ、音楽を奏するという精巧な仕かけのある泉を見たときは、おおいにおどろき、

「これ以上、甘美な気晴らしに適したところは、ほかにありませんでした。人間

の知恵の限界をこえていました」

と、ミゲルは語っています。

スペインのトレドの水道施設といい、トリアーノ老人の家で見た精巧な天球儀といい、また旅のさきざきの町の広場をかざっている人体や動物の噴水といい、マンショたちは仕かけ物を目にしてよく感嘆の声をあげています。現在ではメカと呼ぶこうした巧妙な技術に興味をみせる年代の気持ちは、四百年前の少年たちとも共通したものがあるのかもしれません。そう思うと、マンショやミゲルに親しみがわいてきます。

このほか、フィレンツェでは「百二十以上の楽器の音をただ一列の鍵板」で演奏ができ、その音楽に合わせて、「壁面に描かれている場景が変わっていく」〝クラボー〟という大きな楽器を仕組んだ見せ物におどろいたり、またライオン、トラ、「ヒョウに似た山猫」などが飼われている動物園を見物したりしました。

こうして、マンショたちは五日ほどフィレンツェの町に滞在し、「限りないめずらしいもの」を見て三月十三日、つぎの宿泊地シエナへとむかいました。

フランチェスコ大公は一行が自国領を出るまで町のおもだった人たちに随行を

命じたので、使節のあとには馬車、騎馬、徒歩で見送る盛装の行列がつづき、その数は三千名をこえていたといわれます。

ところで、はじめて目にした日本人たちについて、イタリアの人たちはどんな印象をもったのでしょう。

フィレンツェの町でのマンショたちの行動をこまかに伝えたセッチマンという人の記録には、

「この四人の少年はいずれもヒゲを有せぬ。最年長者も十八歳をこえず、あまり背は高くないが、つりあいはとれている。かれらはその年齢に応じて、適当な背丈がある。かれらは扁平なる顔、同様な扁平なる鼻、ちいさな頭を有する。体色は白く、外見ではむしろ単純・善良・柔和の相を示す」

と、書きしるされています。

ローマをめざして

三月十四日、トスカーナ大公国内のシエナに到着したマンショたちは、この町に二日滞在し、現在国道となっているローマへの街道に馬車をすすめ、教皇領のビテルボの町をめざしました。

一行が教皇領に入ると、そこには教皇からつかわされた三百名ほどの兵士たちが待っていました。このあたりには当時二万七千名にものぼる盗賊がいて、旅人たちがよく襲われるのでそれに備えての兵士派遣でした。

使節たちの馬車はやがてなにごともなくボルセーネ湖畔をすぎ、ビテルボの町へと入っていきました。

このビテルボの町でも、シエナの町でも、千名をこえる群衆が一行を見んものと、沿道に出ていましたが、

「東洋の日本国の国王の名代としてローマにいくという使節団が、たったの六名というのはどういうことだ」

と、一行のうわさを聞いて、ふしぎに思う人もいました。

なかには、

「あの使節はほんとうに日本国の王子の一行なのかね。王子ならもっとおおぜいの随員を従えていてもいいはずだ」

と、首をかしげる人もいました。

「いや、いや、日本を出るときは三百名以上の随員がいたということだ。だが大部分のものたちは、途中の航海などでみんな死んでしまったらしい。なにしろ日本の国というのはこの世のはてにあり、ここまでくるにも三年もかかっているというからな」

などと、どこで聞いたのかわからないようなことをいう人もいました。このあたりまでくると、使節に関するうわさも、うわさがうわさを呼んで、いろいろなものが乱れ飛んでいるようでした。

また、さきのシエナの町でも、使節の一行を見て、その印象を書き残した人がいました。

「使節たちの年齢はほとんど同じで、あたかも同時に生まれたかのようで、二十歳をわずかにすぎたかと思われるくらいだ。そして、みなヒゲはない。……四人の公子たちの丈の高さは中くらいであって、顔は浅黒く、黒人に似た顔立ちで、目は外に出て、灰色でちいさく、あたかも高いところを見ることができないようである。またくちびるは厚く、そのほかもすこぶる醜い」

この日本人印象記は、フィレンツェでの印象記よりも少々悪意が感じられるようです。

「高貴な人たちなら、顔立ちも美しいはずだが……」といったおかしな見方が先入観としてあったのではないかと思える観察眼です。ヨーロッパの人たちにはひげの薄いことがふしぎなようですが、「目は外に出てちいさく、あたかも高いところを見ることができないようである」とは、おそれいります。

しかし、マンショたちが「二十歳をすぎたかと思われるくらい」に見えたというのですから、もう少年のおもかげはなく、りりしい青年らしさを容姿にうかがわせていたでしょう。

このころ、ローマの教皇庁では、使節たちの対応をめぐって協議がおこなわれていました。

イエズス会のアックアビバ総長は、ゴアにいるバリニャーノ神父からの要望を受けて、日本からの使節の少年たちの教皇への謁見は、公式のものではなく、「目立たないように、私的に」おこなわれるようにと、教皇庁に申し出ていました。

ところが八十四歳の高齢であった教皇グレゴリオ十三世をはじめ、対応を協議する枢機卿たちは、それをイエズス会士たちのけんそんと受けとめ、

「教会の名誉のためにも、キリスト教国君主の使節と同様、公式のものとしてできるかぎり盛儀を整えて迎える」

として、教皇への謁見はバチカン宮殿内の「帝王の間」において正式におこなうむね、決定したのでした。

枢機卿会議の決定は、くつがえせません。日本の教会の将来のために、きわめてささやかに、ことをおこなおうとしたバリニャーノ神父の立案計画は、ここへきてまったく正反対の事態をもたらし、公のものとなってしまったのです。

使節の一行は、これらのことについてなにも知りません。

ビテルボに着いたマンショたちは、一日のつかれをいやすと、つぎのバナイヤにむかいました。

この町までくると、

「教皇さまが一刻も早くお会いしたいといっておられるから、道をいそぐように——」

と、使節のローマ到着を待ちわびる老教皇からの催促の使者が、馬をとばしてやってきました。

教皇庁からは、すでにきらびやかな装具をつけた出迎えの軽騎隊まで到着していましたが、ローマまではまだ二日の道のりがあります。

ところがこの地で、中浦ジュリアンが高熱を出してしまったのです。

メスキータ神父はジュリアンの容態を気づかいながら、とにかくつぎのローマの手前にあるプラローラの町へと、馬車をすすめました。

一行が長い旅路の最後の夜をすごした丘の上のファルネーゼの城からは、はるか遠くにローマのサン・ピエトロ寺院が望めます。

マンショたちが長い旅の間、何度もユメに見、描いたローマが――、サン・ピエトロ寺院が――、教皇のおられる館がいまかすかに望めるのです。発熱して容態の思わしくないジュリアンも、マンショやミゲルたちにささえられながら、いっしょに城の望台に立ち、こみあげてくる感動とともにあこがれのローマをじっとながめていたことでしょう。

使節のローマ到着は、一五八五年三月二十二日のことでした。長崎を船出してから数えると、三年一か月、一千百二十七日めのことです。一行がローマに近づくと、新たに軽騎隊の一隊がくわわりました。イエズス会の本部からも、総長の指示で多くの神父たちが出迎えにおもむきましたが、一行のローマ入りは夕刻になってからでした。

昼間ではさわぎが大きくなると心配したメスキータ神父が、わざわざ時を引きのばしながらテーベレ川を渡り、フラミニア街道をゆっくりとすすんできたのでしたが、とても、静かな入京とはいえません。ローマの北にあるポポロ門をくぐると、軽騎隊がトランペットを高らかに鳴らしながら行進しはじめたのです。

沿道はたちまち町の人たちでうめつくされ、一行はその人垣をかきわけるようにして、やっとイエズス会の本部に到着することができました。

本部の前には、アックアビバ総長以下のイエズス会士たちが総出で出迎えました。総長はマンショたちをいくどとなく抱きしめて、無事の到着を喜びました。マンショたちはそれから、聖堂に入り、イエズス会士とともに神に感謝のミサをささげました。

教会の前はすでに群衆によってうめつくされていましたが、使節の一行とイエズス会士たちが入ると、聖堂の入口の扉はかたく閉ざされました。

マンショたちは四つの炬火《きよか》（たいまつの火）に照らされながら、総長とともに大祭壇の前まですすむと、そこへひざまずきました。

聖堂のなかは数多くの炬火とろうそくの灯に、くまなく照らし出されていました。

マンショたちが祭壇をみつめてひざまずいている間に、オルガンが静かに奏され、大祭壇の両側に全員白衣をつけたイエズス会ドイツ人学院の聖歌隊員のうたう賛美歌「テ・デウム・ラウダムス（主よ賛美したてまつる）」が清らかな歌声にのって流れ出しました。

マンショたちはほほを伝う感動の涙をぬぐおうともせず、ただ神のいつくしみに感謝しつづけるのでした。

「……聖堂をうめた列席者たちも、みな同じように歓喜と感激で涙にむせんだ」と記録は伝えますが、聖堂のなかはそのとき、この世とも思えぬ神の楽園のように、美しい調和と豊かな喜びに満ちあふれていたことでしょう。

高熱を発して苦しむジュリアンは、ひざまずきながら悪寒《おかん》で全身をふるわせていました。

かたわらの神父たちが心配して、いすに座ることをすすめましたが、ジュリアンはそれを断り、ひざまずいたまま、「涙をあふれさせながら」、ひたすら神に祈りつづけていたといいます。

第三章　歓迎のうずのなかで

あふれる老教皇の愛

一五八五年三月二十三日、土曜日——。

使節の一行がローマに到着した翌日、いよいよ教皇に謁見するときがやってきました。

マンショたちは日本のきものを着て身だしなみを整えると、スペイン大使が宿舎のイエズス会本部の修道院にさしむけてくれた馬車にのり、いったんポポロ門からローマの市外へ出て、教皇庁の別荘にむかいました。この別荘で行列の隊伍を整え、ふたたびポポロ門をくぐってバチカンの宮殿にむかうというのが、教皇謁見にのぞむ当時のしきたりになっていたのです。

ところで、高熱を発したジュリアンの容態はますます悪くなっていました。

医師は、

「いまは絶対安静が必要です。外出などしてはなりません。ベッドからおきあがったりすることもつつしんでください」

と、容態を気づかう神父たちにいいましたが、当日の朝になると、ジュリアンはベッドからおきあがり、

「だいじょうぶです。パッパさま（教皇）にまみえることができれば、病気など治ってしまいます」

と、そそくさと身だしなみを整え、マンショたちといっしょに教皇庁の別荘へむかったのです。

教皇への謁見がかなえられなければ、いままでの長い苦しい旅も意味がなくなってしまいます。ジュリアンは必死だったでしょう。なぜ、いちばんたいせつなときになって病魔がとりついたのかと、何度もじぶんをののしったことでしょう。

病をおして教皇への謁見を切望するジュリアンのその気持ちを察しながら、心配する神父たちはしかたなく同行を許したのでしたが、行列を整えるため馬にまたがろうとしたジュリアンには、もうその力さえないようでした。

馬にもたれて荒い息づかいをしているジュリアンの顔は、熱で真っ赤です。ジュリアンはこのとき、熱病のマラリアにかかっていたのです。

これではとても行列にくわわってはいけません。

その苦しそうなジュリアンを見て、周囲の神父たちが宿舎へ帰るようにいいました。

するとジュリアンは、

「パッパさまのお足に口づけすれば病気はかならず治ります。パッパさまにお目通りがかなえられないなら、死んでしまうほうがいい――」

と、ラテン語で口走りながら、もう一度馬にのろうとしました。

しかし、ジュリアンは、やはりじぶんの力で馬にのることはできませんでした。

神父たちは困ってしまって、相談をはじめました。

そこへ行列に従っていくことになっていたアントニオ・ピンチというローマの貴人がやってきました。そして、ジュリアンをじぶんの馬車につれこみ、一行よりさきにバチカン宮殿へジュリアンをつれていったのです。

侍従長から、ことの次第をつげられた八十四歳の老教皇グレゴリオ十三世は、病に苦しむジュリアンとの特別謁見を喜んで許してくれました。

ジュリアンが感きわまりながら玉座に座った教皇の前にすすみ出ると、教皇は右手で大きく十字を切って、ジュリアンに祝福をあたえてくれました。

ジュリアンはひれふし、忠誠と服従をあらわすあいさつとして、うやうやしく足に口づけをする「吻足《ふんそく》の礼」をおこなうと、教皇はやさしくジュリアンの肩をいだいて、抱擁してくれました。

ジュリアンは、なお宮殿内にとどまってマンショたちとともにもう一度、公式に謁見をたまわりたいと希望をのべましたが、老教皇は高熱でからだをふるわせているジュリアンをやさしいまなざしでみつめながら、

「ジュリアンよ。いまはただ、健康のことだけを考えなさい。早く宿舎に帰ってやすみなさい。公式の引見は、また日を改めればよい」

といって、ふたたびジュリアンを抱擁しました。

ジュリアンは感激の涙を流しながら、バチカン宮殿を出ると、そのまま運ばれてきた馬車で宿舎に帰っていきました。

――そのころ、教皇庁の別荘で行列を整えた使節の一行は、三色のビロードでかざられた馬にまたがって、ポポロ門をくぐり、バチカン宮殿への道を行進していました。

二列縦隊の教皇の軽騎隊が一行を先導し、そのつぎが三色のカラフルな制服を着たスイスの衛兵の一隊。さらにトランペットを奏する楽隊、枢機卿の家臣団、ローマ駐在の各国大使、真っ赤な服装をした教皇庁職員の一団、ローマの名士の一団、十三名の鼓手《こしゅ》がつづきます。

このあとに二名の大司教にまもられた馬上のマンショ、ミゲル、マルチノがつづき、さらにうしろにはおびただしい騎士の一団が従っています。行列の長さは二キロにもおよび、「ローマでは未曾有の、最大の行事のひとつ」であったと、当時の人が語ったほどにぎにぎしい行列でした。

沿道をうめた群衆のお目当ては、もちろん日本からの使節です。群衆はマンショたちの着た、「あまりにもめずらしい日本のきもの」に、目をみはっていたといいます。

行列はやがてテーベレ川にかかったサン・アンジェロの橋を渡り、バチカン宮殿に近づきました。

するとかたわらにある円形のサン・アンジェロ城塞から三百発の祝砲がとどろき、それに呼応して教皇庁からも祝砲がとどろきました。

祝砲がようやくやむと、こんどはしばらく城塞から静かな音楽が奏され、使節の一行が宮殿前のサン・ピエトロ広場に到着すると、教皇の親衛隊が銃を発して祝意をあらわしました。

マンショたちは宮殿内に歩み、緊張しながら侍従長の案内に従って公式の謁見がおこなわれる「帝王の間」に入っていきました。

間もなく、温顔に雪のような白いあごひげをたくわえた教皇が、枢機卿たちを従えて姿を見せ、玉座に座りました。

「教皇は、使節の少年たちを見ただけで、涙のあふれるのをおさえきれず、一度ならず目をおふきになった」

臨席していたベネチア大使は、そのときのことをこう書き残しています。

使節たちが教皇の前にすすみ出ると、教皇は右手をあげて十字を切り、一行に対して祝福をあたえましたが、老教皇もはるばる海をこえてやってきた孫のような少年たちを前にして、感きわまったのでしょう。

「つづいて教皇は、一行にむかって頭をおさげになられた。このようなことは、かつてないことである」

と、臨席者のひとりは、記しています。

マンショたちは教皇の前にひれふし、ひとりずつ「吻足の礼」をおこないました。老教皇はそれにこたえて、マンショたちひとりひとりを二度ずつ抱擁しました。

笑みを浮かべている老教皇の目からは涙があふれ、光っていました。

マンショたちはいうにおよばず、臨席した人たちも深い感動にひたって、みな目頭に涙を見せていました。

マンショ、ミゲルのふたりは、じぶんたちが領主にかわって教皇に拝謁、キリスト教徒としての恭順の心をあらわすためにローマへやってきたことを申しあげ、たずさえてきた領主からの書状を教皇へさし出しました。

ひと通りのあいさつがおわると、教皇はかなり長い間マンショたちを部屋に引きとめ、いろいろ日本のことなどをたずねていましたが、部屋を退くとき、マンショとミゲルにマントの長いすその両端を持って教皇の部屋までいくことを許したのです。これはドイツの大使のみに許されていることで、たいへん名誉なことでした。

退出にあたって、老教皇は「シメオンの頌《しょう》」という聖書のなかの一節、

「みことばどおり、主よ、いまこそ、あなたのしもべを安らかに死なせてください。

わたしの目は、もう、主の救いを見ました……」（『ルカ福音書』第二章第二十九節〜）

を口ずさんでいたと、いいます。

八十四歳の高齢の教皇も、地球のはてからやってきた少年たちと会って心から感激し、神を賛美したのでしょう。

「あのような謙きょな少年たちと会えて、とてもうれしかった」

と、のちになって語ったといわれます。

教皇の死と新教皇誕生

老教皇グレゴリオ十三世は、使節たちのことがかわいらしくてたまらないようでした。

公式謁見のすんだ日の午後にも、マンショたちと非公式に歓談しましたが、翌日も宮殿内にある教皇の聖堂にくるよう求めました。

イエズス会のアックアビバ総長は使節たちの健康を気づかって、教皇に一日の休息を願い出たほどでしたが、その翌日にはミネルバ教会でおこなわれた式典に使節の随行を命じ、サン・ピエトロ大聖堂における儀式やミサにも使節たちを招き、四月三日にはまた特別に引見までしました。

この間に使節たちは、バリニャーノ神父が日本で織田信長から贈られた「安土城」を描いた金の屏風《びょうぶ》や硯箱《すずりばこ》など、日本からたずさえてきた記念の品々を教皇に贈っています。

教皇は使節に慈愛に満ちた好意をたえず示し、マンショたちに金のふちどりのある黒や赤のドンス製の洋服を三着ずつつくって贈っています。

イエズス会の宿舎で病の床にあるジュリアンのことも、けっして忘れることはありませんでした。

ジュリアンに対しては、教皇みずからいろいろと指図をし、ローマの名医たちを集めて治療にあたらせてくれました。そのうちのひとり、教皇の侍医頭をつとめている医師があいにくローマを離れていると、すぐに使者をつかわしてジュリアンのまくらもとにかけつけるよう命じたほどでした。そして毎日侍従長などを見舞わせて、その日の病状をこまかに報告させていました。

あるとき、ジュリアンが医師の調剤した薬を飲むのをいやがっていると聞かされると、

「ジュリアンよ。どうか、わたしを喜ばせると思って、その薬を飲みなさい」

と、わざわざ使者に伝えさせるほどでした。

そのやさしい教皇は――、非公式にマンショたちを引見してから一週間後の四

月十日、とつじょ、天に召されたのです。

その日、マンショたちは教皇の指示に従ってローマの名所であるサンタ・マリア・マジョーレ寺院などの参拝をつづけていました。

教皇のとつぜんの死は、マンショたちに大きな衝撃をあたえました。

その死因は「使節たちがきたことに感激し、接待に心労があったためだ」というウわさがローマの町に流れたほどです。それもいくらかあったでしょうが、老教皇はしばらく前から腸のカタルにかかっていたのです。最期のことばは、ただ、

「日本の公子たちは、どうしているか?」

という、マンショたち使節のことを気遣うひと言であったといわれます。


四月二十五日、バチカン宮殿内の教皇庁に集まった各国の枢機卿たちは、〝コンクラーベ〟という教皇選挙会を開きました。

投票によって枢機卿たちのなかから新しい教皇を選ぶのですが、その結果第二百二十七代の教皇にシスト五世が選ばれました。

新教皇は選挙の二日後には、早くもマンショたちを公式に引見し、

「あなたたちのことに関しては、すべてを援助するので、なにも心配しないように」

という、温かいことばをたまわり、臨席したイエズス会の神父たちに、

「使節たちには何事もないように、よく注意をするように。不足のものがあれば、すぐわたしにつげなさい」

と、命じています。

マンショたちは、亡くなるまで心をくだいてくれていた前教皇グレゴリオ十三世の盛大な葬儀に参列して、いつくしみの深かった前教皇に別れをつげると、五月一日、こんどは新教皇シスト五世の戴冠式にもヨーロッパ各国からの使節とともに列席しました。

新教皇は、このときマンショにミサのさい教皇の手に聖水をそそぐ栄誉ある役目を命じて、使節たちに前教皇とかわらない寵愛ぶりをみせていました。

五月五日には、ラテラノ教会でおこなわれる慣例の式典にも使節の参加を許してくれました。

このシスト五世のはなやかな「ラテラノ教会行幸」は一枚の絵になって、いま

もバチカン宮殿内の「シスト五世の間」にかざられていますが、うねうねと幾重にもなってつづく行列のなかに洋服姿で姿勢を正し、白馬にまたがって教会におもむくマンショたちの姿も描かれています。四名そろっているところをみると、熱病に苦しんでいた中浦ジュリアンも、このころにはすっかり元気を回復していたのでしょうか。

マンショは謁見をたまわったさい、前教皇に申し出ていた日本の教会のための援助のはなしをしました。新教皇からは今後二十年間、いや「それ以上、永久的につづくように」多額の援助を約束され、ローマにやってきた大きな使命をはたしたのです。

また、マンショたちはバチカン宮殿に招かれて教皇から、

「平和で強く、神に身をささげる忠実な戦士であれ」

ということばのもとに剣と黄金の首飾りをたまわり、キリスト教徒の「騎士」の称号まで受けました。「騎士」の称号は、教会のために名誉あるおこないをした人に特別にさずけられる尊いものです。

身にあまる栄誉に浴したマンショは、感激にむせぶ使節を代表して、

「みずからの鮮血、生命をもって神の教えを保護することを、ここに誓います」

と、若者らしい声でお礼のことばを力強くのべ、臨席した人たちに感動をあたえました。

つづいてマンショたちはローマ市会から元老宮に招かれ、ローマ市の市民権証書をも贈られました。この市民権証は四人の使節を子々孫々《ししそんそん》に至るまでローマの貴族として遇し、税金の免除をはじめ、ローマにおけるあらゆる特権をあたえるというものでした。

こうして、数々の栄誉をあたえられた使節の一行は、六月二日、新教皇シスト五世のもとに別れのあいさつにおもむきました。

その折、教皇から、

「旅行中に不足のものがあれば、いつでも知らせなさい。すべて完備せしめよう。なにも心配せずに、おおいに心たのしくいくがよい」

と、またまた心に残る温かいことばをたまわりました。そして翌六月三日、生涯忘れることのできない、また二度と体験することのできない数々の輝かしい思い出をちいさな胸いっぱいにいだきながら、七十日滞在したローマをあとにしました。

使節たちの人柄はだれからも愛されたようです。好意をいだいたローマ駐在のフランス、ドイツをはじめイタリアのなかのフェッラーラ、ベネチアその他の国々の大使からも、競うように帰路自国へ立ちよるよう招請がなされたほどでした。

しかし、メスキータ神父はバリニャーノ神父から、

「ローマでの使命をはたしたのちは、ただちに帰途につかせなければならない。帰路にあるナポリ、ベネチア、ミラノといった主要な都市を見学することは望ましいが、一五八六年三月にリスボンから乗船せよ」

と、指令を受けています。

ポルトガルのリスボンからの乗船時まではまだ九か月ありますが、途中でなにがおこるかわかりません。

一か月のつもりがローマで二か月をこえる滞在になってしまいました。翌年春に吹く季節風を逃したら、予定はすっかりくずれてしまいます。とにかくさきをいそがなければなりません。帰路は往路とは別にナポリ王国へ立ちよってイタリ

ア半島を横断し、東のアドリア海側に出て北上し、ベネチア、ミラノに立ちよってふたたびイタリア半島を横断し、ジェノバからスペインへ渡る道をいくことにしました。

ところで、七十日あまり滞在したローマではマンショたちに、どのような印象を与えていたのでしょうか。ローマ滞在中の一行をこまかに観察していたベナッチというイエズス会士は、つぎのように使節の日常について書き残しています。

「かれらは行儀作法を非常によく心得ており、慎み深くたいそう親切である。使節のあいだでも正しく礼儀を守り、食事のときはいつも正しい作法できれいに食べる。しかし、たくさんは食べない。少しもぶどう酒を飲まないで、お湯かお茶かを飲んでいる。食物を口へ運ぶため、象牙《ぞうげ》のような白い木でつくった細長い棒——長さは親指から小指までくらい——を使い、これでどんなちいさい物でも巧みにはさむ。これは実にじょうずなものだ。寝るときは、きものを着たまま床に入ってねむる。また賢明で、物をよく考えてすべてに親切である。

……かれらはあらゆる事物に注意深く、見たり聞いたりするいっさいのことを筆記する。筆記には腰にもった金槌《かなづち》型のもの（矢立てのこと）を利用している。

またポルトガル語を知り、スペイン語がよくでき、ラテン語とイタリア語もかなりできるが、公式の場合には自国のことばをつかって、かならず通訳をつける。そしてクラビチェンバロやギターラやリラを奏することもでき、撞球《どうきゅう》をし、ダンスもじょうずである……」

ふたりの教皇への公式謁見をはじめ、前教皇の葬儀、新教皇の戴冠式その他緊張つづきの行事と歓迎ぜめの記録のなかにあって、マンショたちの「ローマの日常」を伝えてくれるベナッチのこの記録は、一服の清涼剤にも似た味わいを感じさせてくれます。食事どきの描写など、たちまち共感を覚えて、「ああ、これが日本人だ」と心がなごんできますが、それにしてもバリニャーノ神父の教化のたまものとはいえ、十六、七歳の少年たちのなんと勤勉なことでしょう。思わず、

「すばらしい少年たち！」

と、四百年前のかれらに声をかけてやりたい衝動にかられます。

イタリア各地の旅

一五八五年六月三日――。

大きな使命をはたしたマンショたちは、いよいよ思い出つきないローマに別れをつげて、帰国の途につきました。

リスボンからひと足さきにローマにきていたロドリゲス神父、フェリッペ国王謁見後、印刷術を習得するためにマドリードからリスボンへ引き返していた日本人ロヨラ修道士も、ここからまた使節の一行にくわわっていきます。

早朝にもかかわらず、沿道にはすでに大群衆がくり出していて、マンショたちを見送ってくれました。

教皇庁の騎馬隊に守られながら宿舎からローマの北の門――、ポポロ門を出た一行は、これより教皇領を北にむかって中部イタリアへの旅にむかいました。

一行はローマからさらに南にあるナポリ王国の風光明媚《ふうこうめいび》な都ナポリをたずねるつもりでした。しかし病気快復後のジュリアンの養生とローマ滞在が長びいたこともあってそれを取りやめ、テーベレ川にかかったポンテ・モルレの橋を渡り、ぶどう畑や牧草地のつらなるなだらかなローマ平原の丘陵地帯をこえて、チビタ・カステラーナの町へと馬車を走らせました。

街道には美しいかさ松の並木などがあって、旅行者の目を楽しませてくれます。

〝ローマの松〟というと、イタリアの作曲家レスピーギの有名な同名の交響詩を思い出しますが、松はローマをはじめイタリア各地によく見られる木です。その実（松かさ）は大きく、ミゲルもバチカン宮殿内で六寸（約十八センチ）もある松の実を見つけて、

「こんな大きな松の実があるとは、びっくりした」

と、語っています。

わたしもイタリア旅行中にそれよりはひとまわりちいさな松の実をひろい、ミゲルと同じようにおどろいて、

「イタリアの松ぼっくりは、ほんとうに大きいんだなあ。日本のとくらべると六

倍はある。こんな大きな松ぼっくりで人形をつくったらすてきだろうなあ」

と、思ったものでした。

一行は、チビタ・カステラーナの町に入ると、さらにナルニ、テルニをへて、スポレートの町へと馬車をすすめていきます。

ローマで教皇から「帝王の間」での謁見を許され数々の栄誉を受けるなど、特別なもてなしを受けたマンショたちのニュースは、どこの町にも伝えられています。それに教皇から、

「使節を歓迎せよ」

との指令がとんでいます。

当時のイタリア人には「どんなことでも、近隣の町には負けてはならない」といった意地のようなものがあったといわれていますから、歓迎の点にもそれが発揮されました。どの町でもローマを出発する前から準備をすすめて、一行の到着を待ちかまえていました。そして一行が到着すると、盛大な出迎え、とどろく祝砲、楽隊、華麗な打ちあげ花火、歓迎会などで、たいへんなもてなしです。あたかも聖人を迎え、がいせん将軍を迎えるような熱狂ぶりで、「町は歓喜につつま

れて燃えるようであった」と、当時の記録は伝えています。

スポレートの町をへてフォリーニョの町にむかった一行は、ここからちょっと横道に入り、聖地として有名なアシジにむかいました。

アシジは、「けんそんと服従、愛と清貧との戒律を守り、貧しい人、病者をキリストの愛をもっていたわる」というフランシスコ会を創設した聖フランシスコの町として、知られる静かで美しいところです。

裕福な商人の子としてこの町に生まれた聖フランシスコ（一一八一年～一二二六年）は、お金にものをいわせて放蕩《ほうとう》無頼《ぶらい》な生活を送っていましたが、二十五歳ころ改心して以後、祈りと貧者への愛に献身した聖人です。小鳥や野にいるちいさな動物たちにさえ心をよせ、やさしくお説教をしたという聖フランシスコの愛は、現代のわたしたちにも愛というもののすばらしさ、豊かさを教えてくれます。

丘の上にある教会で、この聖人の生涯の物語を描いた有名なジョットーのフレスコ壁画を見て心を洗われ、教会の外に出ると、眼下に赤茶色の屋根の点在する美しい平野が望まれて、この地をおとずれる旅人は心からの安らぎをえるでしょう。アシジは、まことに牧歌的でのどかなところです。

聖フランシスコの聖地をたずねたマンショたちも、おそらく数々の聖遺物を拝観したのち、この丘の上からのながめをえて、つかれた旅の心、歓迎ぜめの気づかれをいやしたことでしょう。アシジでは一行は聖フランシスコを慕い、その生き方に共鳴して女子修道院をつくった聖女クララの遺体のねむるサンタ・クララ修道院をもたずねています。

使節の一行はここからさらにイタリアの古い町として知られる静かなペルージアにむかい、盛大な歓迎を受けたのち、フォリーニョまで引き返し、聖地ロレトの町へとむかいました。

途中のカメリーノ、トレンティーノ、マチェラータ、レカナーティの町々での歓迎ぶりもたいへんなものでしたが、一行がさきをいそぐため滞在を短くしたのでどこでも、

「希望どおりのもてなしができない」

と、不満が出るほどでした。

ロレトの町は、「奇跡の聖母の家」の伝説でヨーロッパじゅうに知られている

町です。

イスラエルのナザレにあった聖母マリアの家が、マリアが昇天されたあと、天使たちによって空にもちあげられ、地中海をはるかにこえて、このロレトの町の丘の上に運ばれてきたというのです。

マリアが住んでいた家というのは、長さ十メートル、幅五メートルほどの小屋のようにちいさな家で、西側にひとつの窓があり、赤茶色の石でつくられています。

ロレトの町の人たちは、風雨から守るためにこのちいさな家の上に何十倍もある大きなりっぱな教会を建てました。それからは、このちいさな聖母マリアの家のある教会――、「聖母の聖堂」は、聖地を巡礼する信者たちにとって欠かすことのできない聖地のひとつとなったのでした。

使節たちは、この町に三日滞在しました。

聖母の聖堂や町の美しさに感激したミゲルは、

「ロレトの町には、もっと長く滞在していたかった。いや、そこで一生をおくって、できることなら、このうえもなく敬虔《けいけん》なあの寺院のながめから離れたくなかった」

と語るほど、この町が気に入ったようでした。

ロレトをあとに、シスト教皇の出身地であるアンコーナに至ってマンショたちはイタリア半島を横断、これよりアドリア海を右手にながめながらセニガリア、ペサロ、リミニと半島東岸の町々をへて北上し、チェゼナ、フォルリ、イモラ、古くからの大学都市ボローニャをへて教皇領に別れをつげ、フェッラーラ公国領に入っていきました。

この途中、郊外のちいさな村でひと休みしているときのことです。

使節のことをなにも知らないひとりの農民が一行の馬車の前に出てきました。

「この馬車にのった方々は、どういう人たちなんだね？」

と、かたわらの人にたずねました。

「ローマの教皇さまにお会いになるために、遠い地球の反対側からやってきて、これからお帰りになる日本という国の高貴な方々だとよ」

と教えられると、農民はけげんな顔をしていましたが、メスキータ神父がマンショたちと聞いたこともない「異様なことば（日本語）」で語りあうのを見て、びっくりしました。そして、「貴い方に会えるとは、神さまのおぼしめしだ」と喜び、あわてたように家にもどっていくと、おいしそうに実ったぶどうをひとかごもってきて、使節たちにプレゼントしてくれました。

歓迎、歓待のうずのような使節のヨーロッパ旅行の記録のなかで、こういうエピソードに出あうと、こちらもほっと心がなごみます。

それと同時に、素朴な人たちのこうした善意というものはいつまでも心の隅に残って、旅人の思い出をほほえましくしてくれるものです。

さて、フェッラーラ公国のフェッラーラの町では、アルフォンソ二世公に迎えられましたが、ここでジュリアンがまた高熱を発してしまいました。

マラリアは、熱帯地方に多いハマダラ蚊が媒介する病原虫が赤血球に寄生する伝染病です。

病原虫が赤血球のなかで増殖して血球を破壊するときにはげしい高熱を発し、やがて肝臓《かんぞう》や脾臓《ひぞう》を衰弱させたり、脳などをおかして生命をうばうおそろしい病気です。

ジュリアンは高熱で顔を紅潮させ、悪寒をうったえてからだをふるわせていましたが、アルフォンソ二世公は国内の最高の医師たちを治療にあたらせ、一時間おきに病状を報告するよう命じました。医師たちの献身的な治療のおかげで、ジュリアンは二日ほどで元気をとりもどしました。

このフェッラーラでは、マンショたち使節の四人とメスキータ神父だけはイエズス会の修道院には泊まらず、アルフォンソ二世公のたっての要請で王城に泊まりました。一行にあてられた部屋はフェッラーラ城内でもっとも豪華な部屋で、数年前にフランス国王が泊まったという部屋でした。

マンショたちはほとんど小食で、豪勢なごちそうがテーブルをかざっても、あまり手をつけません。ヨーロッパの人たちが好む手をつくした肉の料理は、あっさりしたものの好きな日本人の好みに合わない点もあるでしょうが、有馬のセミナリオの食事は、「主食が白米、おかずは汁と魚、その他で、日曜祝日だけはおかずがもうひと皿」という食事でしたから、マンショたちは歓迎のテーブルをかざる豪勢な肉の料理を見て、どこでもうんざりしていたことでしょう。そしてぶどう酒も飲まずに、お茶のかわりに熱いお湯を注文して、そればかり飲んでいました。

こういうマンショたちを見るにつけ、

「日本の王子さまたちは、いつも食を節制なさる。よほど修養を深くつまれた方でなければ、できないことだ……」

と感心の的になり、相手の目には「礼儀正しい謙きょな人」だとうつるようでした。

正直いってマンショたちは、フランスの国王が泊まったというぜいをつくした豪華な部屋に泊められても、旅の疲れはいやせなかったでしょう。それよりも一日も早く日本へ帰り、畳の上にのんびりねころんだり、お新香でお茶づけでもすすりたい気持ちになっていたのではないでしょうか。

フェッラーラ公国のアルフォンソ二世公に招かれてもてなされた食卓には、どのような豪勢な料理がならんでいたかはわかりません。

しかし、イエズス会の修道院に泊まった随員たちに供された料理の材料表が残されております。そこにはつぎのように記されています。

六月二十二日、夕食――

「魚類一・三五キログラム、カルチョフォ（菊イモ）二十個、桜桃四・五キロ、モスカルディーニ（ナシの一種）一・八キロ、オレンジ三十五箱、大レモン六個、白大ネギ四本、白ウリ四個、マリナウリ四個、フィノッキ（ウイキョウ）四十束、その他ブドウ、パセリ、乳香など」

この日には夕食分だけで、肉類は使われていませんが、翌一日分の材料は、「小牛の足の皮をはがしたもの十五本、同じく小牛の頭三個、牛乳十一・二五キロ、オレンジ四十個、バター十一・二五キロ、チサ（サラダなどに用いられるキク科の植物）二十本、リンゴ三十個、桜桃七・二キロ、菊イモ二十五個、ソラマメ二・七キロ、白キャベツ十二個。その他」

と、なっています。

マンショたちは旅の間じゅう、ほとんど野菜や果物にしか手を出さなかったといいます。有馬のセミナリオの食事は当時の一般的な日本人の食事です。肉料理を食する習慣はありません。そのことを考えると、このような材料でつくった料理などは、とても口に合わなかったでしょう。

しかし、イタリアではお米がとれますから、たまにはごはんも口にしたでしょうが、旅の途上、こうした材料でつくられた豪勢《ごうせい》なヨーロッパ料理で歓待されていたにもかかわらず、料理の味覚などについての感想は、いっさい書き残されていませんから、ヨーロッパ料理はよほど口に合わなかったのかもしれません。

マンショたちは、フェッラーラ公国のアルフォンソ二世の城に三日滞在しました。元気を取りもどしたジュリアンは、まだぼんやりしていましたが、さきをいそがねばなりません。

こんどは川の旅です。

一行は豪華な二世公の船にのって、ポー川をくだり、つぎの訪問地である水の都ベネチアへとむかいました。

出発にさきだって、ジュリアンの容態を気づかうアルフォンソ二世公はベネチアまで医師を同行させ、ジュリアンのために船室にビロードのカーテンのついたベッドまで用意してくれるという心づかいで、静かにポー川をくだっていく一行をいつまでも見送っていました。

水上都市ベネチア

アドリア海の浅瀬の上につくられた世界でもめずらしい水上都市ベネチア（ベニス）は、ベネチア湾の西岸にひろがる入江の中央部、イタリア半島の陸地の沖合五キロほどのところにあります。

大小百十八の町々の人工島からなるこの水上都市がつくられるようになったのは、五世紀の中ごろからのことです。

そのころ、対岸のイタリア半島に住む人たちは、北方から侵入してくる異民族の略奪に困りはて、海上に逃れることを思いついて、目の前にひろがる浅瀬の入江に「水上住居」をつくりはじめたのでしたが、その水上住居の数はますますふえ、やがてひとつの都市を形成するまでになりました。そしてこの水上都市ベネチアは、オリエント（中近東）とヨーロッパを結ぶ貿易の中継地としておおいに発展し、イタリアでもっとも富んだ共和国となったのです。

町々は、都市の中心をゆったりと流れるS字型の大運河をはじめ、百をこえる小運河と四百をこえる無数のたいこ橋とによってつながっています。交通機関は運河をゆきかうゴンドラをはじめ、水上バス、小舟などで、自動車文明の現代でも、水上都市には一台の自動車も走っていません。

現在は人口約十万名、貿易でおおいに栄えた十四、十五世紀ころの十九万名にくらべると半分ほどに減っていますが、めずらしい町づくりとともに、壮麗な由緒ある教会や建築物が多く、イタリアではローマ、フィレンツェとならぶ芸術都市として世界じゅうからの観光客で一年じゅうにぎわいを見せています。

観光客といえば、ベネチアは地中海をこえてイエスの生誕地であるイスラエルへいくヨーロッパ人たちの「聖地巡礼団」の基地としても、おおいに栄えたところです。

往復に六か月かかる聖地への船の旅は、ベネチアの旅行業者によっていっさい取りはからわれていましたから、旅の間、旅行者はこまかい心配はいりません。こんにち観光旅行で流行の「集団パック旅行」もベネチアの商人たちがむかし考え出したことにヒントをえたのかもしれません。

それはともかく、水上都市についた使節の記録には、

「見ておかねばならない偉大な物が多いから、一行がそれに陶酔したように見えるほど、びっくりしつづけていた」

と、記されています。マンショたちの「旅の対話録」も、このベネチアに関する見聞にもっとも多くのページがさかれています。

そこで、当時のベネチアのあらましを、「旅の対話録」に見えるミゲルの「調査」から、紹介してみましょう。

「この都の周囲は、わが国の四里（十六キロ）に相当するひろさですが、それが七十の区に分かれています。そして、ひとつひとつの町というか、建物がぜんぶ水に洗われています。つまり、家々の建物は水に仕切られているということです。

この都の守護聖者は聖マルコさまで、町の人たちは聖マルコさまを祭る聖堂を建てましたが、そのサン・マルコ聖堂は、なんと五百本の大理石の柱でつくられているのです。そのほか、この都には五十九の修道院があり、そのうち二十八の修道院は女性のものです。さらに百五十の教会、十四の病院——、これらの病院

では、ほかの都と同じようにどんな病気にかかっている患者にも医薬があたえられます。

また、この水の都には百の大邸宅があり、庭園が百七、れんがでりっぱに舗装された広場が五十三、噴水のある泉が百三十五、鐘や時計、人形が芝居をしたりする仕かけのある塔が八十七——、そのなかには地上三百十六フィート（約九十六メートル）の高い塔があり、その上になお青銅でつくった十六フィート（約四・八メートル）の天使像が立っています。

このほか、いろいろな場所に建てられているすばらしい彫像は大理石のもの百六十、青銅でつくられたもの二十三、金メッキで巧妙につくられた九頭の馬などがあります。町の人たちは小舟をこいで運河を往来していますが、小舟の数は一万隻もあります……」

ミゲルの実にこまかいこれらの「調査」に接すると、ローマ滞在中にイエズス会士ベナッチが書き残した、

「かれらはあらゆる事物に注意深く、見たり聞いたりすることをいっさい筆記する」

といった観察をほうふつとさせます。

そのほか各教会にある聖遺物、金銀、ガラスの工芸品など、目をみはるものばかりですが、神聖な遺物についてミゲルは、

「その数の多いこと、大きいことに驚嘆するばかり」

と、いっています。

数知れぬ歓迎のゴンドラに出迎えられて、マンショたちがベネチア入りをしたのは六月二十六日でした。

その前日はベネチアの守護聖人サン・マルコの祝日で、ご聖体と盛大な仮装行列が町をねり歩くことになっていましたが、それ以前からの情報で一行の到着が遅れるというので、ベネチアの元老院ではその年に限って、お祭りを二十九日に延期することにきめたのでした。

その前日の六月二十八日、マンショたちはベネチア大統領からさしむけられた御座船《ござぶね》にのり、市民歓呼のなかを宿舎から大運河をくだって大統領宮であるパラッツオ・ドゥカーレにむかいました。

この大統領宮は、ミゲルが「教皇さまの神聖な宮殿をのぞくと、大きさの点で

も優美さの点でも、イタリア全土のいずれの建物よりすぐれている」という、りっぱな建物です。

ときのベネチア共和国大統領ニコロ・ポンテは九十五歳という高齢でした。使節たちを引見した大会議室は、「二千名の貴族がゆうに入れる」ほどひろく、「この広間は、人間の才能はこれ以上にはほとんどすすみえないと思われるような技術でつくられ、絵画や浮彫細工その他の美術品で豪華にかざられて光り輝き、神々しいばかりでした」

と、たたえるほどでした。そして玉座に座られた大統領の黄金のししゅうをほどこした衣装にはダイヤモンド、ルビー、真珠などが散りばめられていたといいますから、ため息ももれるような美しさであったでしょう。

大統領謁見の翌日、マンショたちはサン・マルコ祭の華麗な行列を楽しく見物すると、こんどはムラーノ島に渡り、有名なガラス工場をたずねて、はじめて精巧なガラス細工の工芸品を見て驚嘆し、十日間滞在したこの水の上に輝くめずらしい都をあとにしました。

一行がベネチアをたったのは七月六日のことです。

ここからふたたびイタリア半島を横断して、スペインへの船の待つジェノバへと馬車を走らせるのですが、パドバ、ベローナ、マントバ公領のマントバ、ミラノ太守領のクレモナ、ミラノの町々をへて、最後のジェノバ共和国の港町ジェノバに到着したのは八月六日、ベネチアを出てちょうど一か月の旅でした。

この旅での歓迎ぶりも、熱狂的なものでした。

マンショたちは、どこでも、大きな栄誉と暖かいもてなしを受けて、イタリアの富強、偉大さ、ぜいたくさに、びっくりしつづけましたが、町の人たちの歓迎ぶりは、

「これ以上どうなるかと思われるばかりで、心から歓喜をあらわした」

といわれるほどでした。

ミラノ領に入るころには、

「一行はたえることのない歓迎に、いささか疲労を覚え、静けさを求めて群衆と叫喚（叫び声）と離れることを希望するようになった」

と、使節たちにかわって、一行の歓迎づかれを心配して記している当時の記録

もあるほどです。

「歓迎は、もうけっこうですよ。このうえは一日も早くジェノバにいって、船にのって休みたい」

と、マンショたちはつぶやいたかもしれません。

しかしベネチア、ジェノバ間のこの旅での印象深いエピソードは、やはりいくつか紹介しておかなければならないでしょう。

そのひとつは、ベネチアのつぎにおとずれたビチェンツァの町でのことです。ここでは落成間もないオリンピア劇場で盛大な歓迎式が催され、使節の一行はフェルトの帽子をかぶり、マントを着て式典にのぞみました。マンショたち四人はメスキータ神父とともにいすに座って栄誉を受けました。そのときの光景は一枚の壁画に制作され、現在も記念として同所に残されています。

またマントバでは、マンショが、

「もし、地上に楽園があるとすれば、この宮殿こそ、その楽園です」

と、語るほど、ぜいを尽くして豪華にかざられたマントバ公の宮殿に泊まりました。

その夜、マンショたちは美しい庭園のむこうにひろがる湖上に船を浮かべ、頭上に打ちあがるすばらしい花火を見物しました。湖畔には三万名もの見物客がおしよせたといいます。

マントバ公の世継ぎの殿下に案内されて一行が町にある聖堂へ礼拝にいくと、ちょうどほかの宗教からキリスト教に改宗する男の洗礼式にぶつかりました。マンショたちに接して日本に興味をもった当時二十二歳の殿下は、その男の霊名(洗礼名)を「ミゲル・マンショ」とするよう司祭に申し出たほどでした。

さらに殿下は、ひとりのしもべに日本を見てくることを命じ、使節に同行させましたが、いかに殿下の命令とはいえ、これはあまりにもむりなはなしです。遠い「地球の反対側」の日本へ、たったひとりでいくことにおそれを感じたのでしょう。このしもべは二日後にはどこかに姿を消してしまいました。

このほかミラノでは、王城に使節の一行が到着すると軍楽のラッパが鳴り響き、三つの砲台から五百発の銃砲が鳴り、つづいて五十発の祝砲が空にとどろきました。それは「全市が地震のように震動した」といわれるほどのすさまじいものでした。

しかしこのとき、指揮者の号令の前にひとりの兵士が誤って銃を発してしまったのです。規則によってその兵士はすぐに捕らわれて、牢に引きたてられていきましたが、はなしを聞いたマンショが嘆願したので、罪をまぬがれました。

町の人たちの歓迎ぶりは、このミラノで「きわまった」というほかは、ありません。

「旅の対話録」でも、あまり発言をしていないいちばん年少の原マルチノが、つぎのように語っています。

「すべての人びとのわれわれに対する親愛の情は、実に深いものがありました。われわれをあたかも天から降ってきたもののごとくながめ、またさまざまな方法でわれわれのために旅路のおわりの幸多いことを祈り、はてはわれわれのからだにふれただけで祝福を受けたと考えながら、われわれを目で見ることにあくことがありませんでした……」

まさに、「聖者のがいせん」のような光景です。

一行を見ようとする群衆は沿道にあふれ、じぶんの家の階上の窓を高い料金をとって見物人に貸すものたちもたくさんいたと、当時の記録は伝えています。

難航する帰路

一五八五年八月八日――。

「史上、類例を見ない」といわれるほどの名誉、好意、もてなしの数々を各地で受けて、五か月にわたるイタリアでの旅をおえた使節の一行は、スペイン国王フェリッペ二世からさしまわされた船にのって、ジェノバの港をあとにしました。

十八隻の警護艇に守られた使節ののった船は、わずか八日で地中海のリグリア海を横断し、スペインのバルセロナに入港しました。

船の上では歓迎の人波にもあうことはありません。貴人訪問の気づかれもありません。

この八日間の航海は、マンショたちにとって、どんなに心やすめになったことでしょう。

しかし、このころ実は、ジュリアンがまた発熱して一行を心配させていました。こんどの発熱はミラノをあとにしたころからでしたが、ジュリアンは迷惑がおよばぬよう病苦をおして一行とともに船の待つジェノバへ馬車を走らせたのでした。そして航海中ずっと養生していましたが、バルセロナに到着しても熱はいっこうに下がりません。

マンショがマラッカからインドのゴアにむかう船の中で疫痢《えきり》にかかり、トレドではミゲルにつづいてマルチノが疱瘡《ほうそう》に感染し、ジュリアンはローマ入りをしたころからかかったマラリアで、その後もこうしてたびたび発熱をしています。長旅のつかれから、全員がいつどのような病にかかるかわかりません。使節たちの体質については、年少のマルチノがいちばん強健で、つぎがマンショ、ジュリアンとつづき、三人にくらべると、快活なミゲルがいくらか弱い体質であったといわれています。

バルセロナに到着した一行は、ここでジュリアンの快復を待って、二十四日間滞在しました。

この間、マンショたちは町を見物したり、ベネチア以後の各地で歓待された諸侯に、お礼の手紙を書いたりしていました。

マンショたちは熱烈な歓迎ぶりに、あるときは音をあげたこともあったでしょうが、それに対する感謝の手紙は旅の途上でこまめによく書いて、きちっと礼をつくしています。明治の岩倉使節団がベネチアで見せられた手紙も、こうして書かれたもののひとつです。


九月九日、ジュリアンの病もようやくいえたので、一行はバルセロナを離れ、フェリッペ国王が政治問題を協議するために滞在しているモンソンの町へとむかいました。

その途中にあるモンセラート山の山頂近くには、有名な聖堂のある修道院があります。

モンセラート山は一二四〇メートルの石灰岩質の岩でできた山ですが、長方形の丸みをもった巨大で奇妙な白い岩の塊がいくつも断崖にへばりついているといった、一種異様な景観を見せている岩山です。

修道院はこの山の山頂近くにあるわずかな平地にへばりつくようにして建って

います。聖堂にある聖母像は〝黒いマリア〟といわれる木像の黒い聖母像で、当時毎年六万名もの参けい者がこのけわしい山に登ってやってきたといわれています。軍人であったイエズス会の創立者イグナチオ・ロヨラがじぶんの後半生を神の教えの布教のためにささげることを誓ったのも、この聖母像の前でした。ロドリゲス神父やメスキータ神父はイエズス会士ですから、マンショたちもこの聖地に立ちよってからモンソンの町にむかい、離宮に滞在するフェリッペ国王にふたたび謁見をたまわったのです。

マンショは、好奇心おうせいな国王から、

「イタリアを旅して、どう思ったか？」

と親しくたずねられ、往路と変わらぬ愛情を示して迎えられました。

マンショは教皇謁見の模様などを感動しながら語りましたが、すべてのことをはなすには、いくら時間があってもたりません。そこで一行のひとりがつけていた旅のノートを国王にお見せすると、国王はページをめくりながら、

「できるだけ早く読むことにしよう」

と、喜ばれました。

国王はこのとき、政治、経済の難問題をかかえ、「すこぶるきげんの悪いときであったにもかかわらず、使節一行を離宮に招いて厚意を示された」と、当時の記録は伝えています。

このときもマンショたちは国王から旅の費用をはじめ、馬車、その他、これからの旅に必要なあらゆるものをたまわりました。そして、温情深い国王をはじめ王家の人たちに永遠の別れをつげて、帰路についたのです。

モンソンの町をあとにした一行は、サラゴサ、ダロカなどの町をへて、十か月ぶりに思い出深いスペインの首都マドリードに到着しました。

国王の留守のマドリードでは、アスカーニョ・コローナ大司教の館で盛大なもてなしを受け、マドリード出発にさいしては真珠でかざられたすばらしいクラビチェンバロを贈られました。

そして、スペインからポルトガルに入った使節の一行は、ビラ・ビソーザの町で、一夜で日本のきものをつくったカタリーナ妃をはじめ、なつかしいブラガンサ家の人たちと再会し、エボラ、セトゥーバルをへて、十一月下旬、リスボンに到着、サン・ロケ修道院に旅装をときました。

バリニャーノ神父が細心の注意をはらって立案した壮大な〝少年使節のヨーロッパの旅〟は、ここでひとまず区切りがついたのです。

バリニャーノ神父の訓令書には、「一五八六年三月にリスボンから乗船せよ」とあります。

この訓令書は春に吹く季節風を逃すと、秋まで滞在を延ばさなければならなくなり、帰国も遅れるという心づかいからですが、翌年の春まではまだ四か月ほどあります。

使命をはたしたマンショたちは、この四か月の間リスボンでゆっくり旅のつかれをいやしていましたが、十二月にはポルトガルの〝大学の都〟として有名なコインブラをたずね、二十日ほど滞在しました。そこで学生たちの演じるじぶんたちの「ローマ教皇謁見の旅」を観劇したりして、ヨーロッパでの最後にさらに楽しい思い出をくわえていました。そして翌一五八六年四月十二日、使節の一行は準備万端整ったサン・フェリッペ号上の人となり、いよいよリスボンをあとに帰国の途につきました。

スペイン国王の名を冠したこの船は多くの大砲を備え、当時世界の海を制覇していたスペイン海軍所属の船で、いくたの暴風雨にもびくともしない「堅固な城」とまでいわれた船でした。

この船にマンショたちは教皇はじめフェリッペ国王、その他おとずれた国々の諸侯から贈られた数えきれないほど高価な品々、日本へはじめてもたらされることになる印刷機、楽器のチェンバロ、その他多くの書籍などを積みこみ、五隻の船で船団を組んでインドのゴアにむかうことになりました。リスボンを船出するときは、五隻にさらに二十三隻の船がくわわり、大船団となりましたが、これら二十三隻の船は、南アメリカやメキシコにあるスペイン領にむかう船で、途中赤道までいっしょにいくことになったのでした。

実はマンショたちにはなにもつげられませんでしたが、出帆前にスペインのフェリッペ国王から、

「帰路は大西洋を西にこえてメキシコを経由し、それから太平洋を横断して自領であるフィリピンのマニラに立ちよっていくように」

と、希望がのべられていました。

国王としては、日本へ帰る使節たちに、当時のスペインの領土の広大なことを見ていってほしいという〝権力誇示〟の望みがあったのでしょう。もし国王のこの希望を受け入れて長崎に帰ってきたとしたら、マンショたちは「地球を一周した最初の日本人」ということにもなったでしょう。

しかしメスキータ神父たちは、インドのゴアに計画立案者のバリニャーノ神父が一行を心配して待っていることを伝えて、この申し出を断ったのでした。

マンショたちをのせたサン・フェリッペ号は、往路とは逆の航路をインドのゴアめざして、順調な航海をつづけていました。

五月六日、リスボン出帆二十三日めに大西洋上の赤道に達し、ここで南アメリカやメキシコにむかう船と別れ、それから喜望峰をめざして二十日ほど平穏な航海をつづけていました。

インドのゴアからリスボンまで、往路の航海には約八か月、二百三十二日を要しましたが、当時のポルトガルの船乗りたちはゴアまでの航海を五か月、約百五十日とみていました。

リスボン出帆から数えて四十日あまり、サン・フェリッペ号は順風にめぐまれて四分の一ほどの航海をおえてきました。

ところが、ついに最初のあらしに遭遇したのです。

それはマストの帆げたがいくつかへしおられるほどのすさまじいものでした。船が大波にはげしくもまれているところへ、船具に巻きついた帆が海中に落ちたので船は重心を失い、あわや転覆という憂《う》きめにあったのです。

幸い船乗りたちの献身的な努力で帆を断ち切り、ことなきをえたサン・フェリッペ号はあらしの海を脱しましたが、マンショたちはあらしに出あっても少しも動ぜず、

「顔色を変えることなく平静で、危難に直面すると、ただちに祈祷に専念していました」

と、同乗の神父たちが、のちにバリニャーノ神父に語っています。そして「むしろ恐怖におののいている人たちをはげましていました」というほどですから、まったくたくましい青年に成長したものです。

七月七日、サン・フェリッペ号はいよいよアフリカ大陸の南端に達し、喜望峰

をまわりました。

このとき、船長の命令で、船に備えてあるぜんぶの大砲を発して祝いました。

喜望峰付近の天候はめずらしく好天つづきでした。マンショたちは退屈しのぎに得意の釣りをして、七十ぴきもの魚を釣りあげ、乗船者たちをおどろかしたりしていました。

しかしこの直後から、また暴風に見舞われたのです。

サン・フェリッペ号はぜんぶの帆をおろし、荒波にもまれて難航しながらも北上をつづけていましたが、サン・ロレンソ島（マダガスカル島）の近くまでくると、こんどはすっかり風がなくなり、船はすすまなくなってしまいました。

このあたりは暗礁が多く、インド航路についているポルトガルの船乗りたちが、「墓場」と呼んでいるところです。

往路のとき、マンショたちもこの海域で船がすすまず、そのうえ灼熱の陽に焼かれてたいへん苦難したところです。それでもサン・フェリッペ号は、なんとかモザンビーク島までたどりつくことができましたが、そのころはもう、インドへの順風の吹く季節はおわっていました。

いっしょにゴアへむかうほかの四隻の船の姿は見えませんでした。無事に航海をつづけているのか、あらしの犠牲になったのか、それはわかりませんでした。マンショたちはしかたなくこの島で翌年の春までの七か月をすごすはめになってしまいました。

ところで、このモザンビーク島にはマストが折れて航行不能におちいっていた、サン・ロレンソ号という船が寄港していました。

この船はマンショたちののったサン・フェリッペ号とは逆に、インドからたくさんの積み荷を積んでリスボンにむかう途中、あらしに出あってマストをへし折られ、かろうじてモザンビーク島までたどりついたのでした。

サン・フェリッペ号は、ここで急遽《きゅうきょ》、サン・ロレンソ号の積み荷を積みかえて、リスボンへ引き返すことになりました。そのためマンショたちは島で足どめされることになってしまったのです。

帰国への気持ちが高ぶっていても、船がなくなってしまってはどうすることもできません。

かわりの船もいつくるか、まるでわかりません。サン・ロレンソ号の修理もいつ終わるかわかりません。マンショたちは帰るあてのないアフリカの暑いちいさな島に置き去りにされたような心細さを覚えていたことでしょうが、そのころ、リスボンをいっしょに出たほかの四隻の船は、どうにかあらしや海の難関をのりこえて、インドのゴアに達していたのです。

その船から、使節たちののったサン・フェリッペ号が喜望峰をこえたころから船団に遅れて船体が見えなくなったということを聞かされたバリニャーノ神父は、一行ののった船がモザンビーク島に立ちよったと判断しました。

神父としては一日も早くマンショたちを迎えたい気持ちでいっぱいです。そこでさっそくインドの副王に申し出て、船足の速いガレウダ船（フリゲート船）をモザンビーク島へまわしてもらい、翌年の三月十五日、マンショたちはやっとその船にのって、モザンビーク島を出帆しました。

途中、強風を逆帆に受けて船が傾き、海水をかぶって、「ほとんど沈没しかかった船は、かろうじて浮かびあがった」という危険や、浅瀬にのりあげかけるほどの苦難にあいましたが、七十六日めの一五八七年五月二十九日、マンショたちはバリニャーノ神父が首を長くして待っているインドのゴアへやっとたどりつくことができたのでした。

帰路のリスボン・ゴア間のこの航海は、モザンビーク島で足止めをくったこともあって、往路よりはるかに長く、一年以上の日数がかかってしまいました。

母国からのあいつぐ悲報

「……われわれはじめ一同は、このうえない喜びのうちにゴアの港に入りました。われわれの安否について心配し、心を暗くしていたすべてのパードレやゴアの人たちは、われわれの無事だったことを知っておおいに喜んでいました。

物見櫓でわれわれの帰りを待ちうけていた人から到着の知らせを受けた巡察師さまも、すぐに多くのパードレたちとともにわれわれを迎えにこられました。そして慈愛に富んだ親が最愛の息子たちに対してふるまうときのあの慈悲の心をもって、無事につつがなく帰ってきたわれわれをいとも親切に抱きしめられ、町へと案内してくださいました……」

ミゲルは、ゴア到着と三年半ぶりのバリニャーノ神父との再会のもようを、このように語っています。

四人の少年たちをじぶんの手のなかから放すにあたって、「けがをする危険があるから、高いところにある部屋などはあてがわないように」など、多くの細心な注意を代理のメスキータ神父にあたえて、ひたすら無事を祈っていたバリニャーノ神父は、元気な四人を見てどんなに喜んだことでしょう。

ゴアに着いた四日後、サン・パウロ学院において、最年少の原マルチノが使節を代表してバリニャーノ神父に対する感謝の演説をおこないました。

語学が得意だった原マルチノのこの演説は、ラテン語によっておこなわれました。

「……わがパードレさまはわれわれに対して、かくも大きな高き恩寵をおたれになりました。われわれがその重さ大きさに対して、不足のないお礼を申しあげるには、ただ真心からつぎのように申すほかはないと存じます。――

わたしたちは、わたしたちに生命と精神をあたえてくれた両親に対してよりも、パードレさまおひとりに対して、よりおおいなるありがたさを感じているのでございます。……わたしはほかのものを代表して、あたうかぎりのわれわれの感謝の心をもって、不滅の恩恵に対して、不滅のお礼を申し、けっしてそのご恩を忘れることはございません。

このたびの長い巡歴におきまして、ほとんどすべての国民ならびに諸侯から、われわれにとくに許されたへりくだった礼の数々、厚遇、寛大さは、すべてパードレさまおひとりのおかげによるものと感謝しているのです。……」

と、ていちょうな感謝のことばをのべたあと、

「パードレさま。パードレさまがあらかじめヨーロッパのことについてわれわれに聞かせてくださいましたはなしや、他のパードレ方の日常のおはなしのとおり、われわれの見ましたことは、聞いたことと同じようでございました。はなしを聞いただけでは信用しなかったものも、そこにいってみずから目で見て、たしかめることができました。うわさに聞いていたよりも、事実は大きく、ことがらは広大でございます。そういうものを見るわたしたちの目は幸福であり、しあわせでありました……」

と、旅の印象を感激したことばでのべています。

この長文の演説文はのちにリスボンから船に積んできた印刷機によって、使節に同行した随員日本人コンスタンチーノの名で印刷刊行されました。

マルチノは演説のなかで、

「ヨーロッパの諸王侯が、われわれを厚遇し贈り物をすることにおいて、おたがいにはなばなしくも競われたようにも思われた、あの信ずべからざるほどの好意についておはなしすることは、ここでことばを新たにすべきことのように思われます」

と語って、ヨーロッパ各地での歓迎ぶりが、とうていことばであらわせないほど熱烈であったことにふれています。

九州の一地方に生まれてその周囲の風物しか知らなかったマルチノたちにとって、ヨーロッパの風物は想像をはるかにこえた驚嘆すべきものでしたが、各地での歓迎ぶりもまた、「いくら語っても、とても信じてもらえない」ほどのおどろきであったのです。

このあと一行は、ゴア郊外にある静かなイエズス会の別荘でつかれたからだを休めていましたが、ちょうどそのころバリニャーノ神父のもとに、日本のイエズス会の管区から一通の要請状が届いていました。

それには、いまや天下を平定してみずから日本の王を名のっている関白秀吉に、インドの副王の使節を派遣するよう記されていました。

バリニャーノ神父はさっそくポルトガルのインド副王と協議した結果、みずからがその使節となり、日本へ帰国するマンショたちのほかに、さらに十七名の宣教師をともなって日本へいくことにしました。

副王から関白への贈り物には、幸いマンショたちがヨーロッパからたずさえてきためずらしい品々があります。それにフェリッペ国王がインドで入手して、使節を派遣した領主に贈るよう副王に指示していた、二頭のりっぱなアラビア馬もあります。

めざす相手は九州の一地方のキリシタン大名ではありません。日本の〝都〟にいる王です。それに関白秀吉はじぶんが日本で会った信長と同じように、キリスト教の布教にも理解を示しているといいます。バリニャーノ神父は関白に謁見することができれば、日本でのこれからの布教にも大きな道がひらけると考えました。

一五八八年四月二十二日、ポルトガルのインド副王の使節の役をおおせつかったバリニャーノ神父は、マンショたちと随員の宣教師たちをともなって、晴れやかな気持ちでゴアから長崎にむかって船出をしていきました。


インド洋を東にむかって航行し、マラッカにむかう航海は、早ければ三十日ほどですが、この航海で七十日もついやして、一行はマラッカに十二日間滞在しました。そしてふたたびマカオをめざして航海をつづけ、八月十一日、マカオの港にいかりをおろしました。


ここまでくれば、日本へはもうひと航海です。

海が平穏で良風にめぐまれれば二十日あまりの航海で、なつかしい日本へたどりつくことができるのです。

マンショたちは、内心どれほど喜んだでしょう。

ところが、日本を目前にしたこのマカオで、マンショたちの日本語教師で文章も巧みだったロヨラ修道士が二十七歳の生涯をおえ、天に召されていきました。

ロヨラ修道士は長い旅のつかれが重なり、インドのゴアで胸の病にかかり、養生をしていました。血を吐く肺結核は、当時「不治の病」といわれていました。バリニャーノ神父からマンショたちの教師として抜てきされるほどの優秀な修道士で、将来が期待されていただけに、ロヨラ修道士の死はみなにおしまれました。マンショたちは大きな悲しみのうちにロヨラ修道士のなきがらを、マカオの地のキリシタン墓地に埋葬しました。

そのころマカオには日本から何人かの宣教師がもどってきておりました。マンショたちは、その宣教師たちから、つぎつぎと予想もしなかった〝悲報〟を聞かされました。

まず、ミゲルを名代として教皇のもとへつかわした、日本最初のキリシタン大名大村純忠が前年の一五八七年五月二十五日（天正十五年四月十八日）に、それからひと月たらずの六月二十八日には、マンショを名代としてつかわしたことにいっていいる豊後の大友宗麟があいついでこの世を去ったことを知らされたのでした。

そればかりではありません。

使節の一行が長崎をあとにしてからの六年の間に、日本の国内の事情はすっかり変わっていたのです。

長崎を船出するとき、天下を統一しようとしていた織田信長が家臣のひとり、明智光秀の裏切りによって本能寺で自害したことは、往路このマカオで知らされていました。

その後は同じ信長の家臣である羽柴秀吉が天下をにぎり、信長と同じようにキリスト教の布教に理解を見せていましたが、一五八七年（天正十五年）七月、秀吉はとつじょ、出陣中の九州博多で、

「伴天連（宣教師）たちは、二十日以内に全員日本から出ていけ」

という「伴天連追放令」を出したというのです。

追放ばかりではありません。

「貿易のために商人がやってくるのはいいが、こんごは宣教師たちは日本に入れない」ともいうのです。

一五八七年七月というと、マンショたちがようやくゴアにたどりついて休養しているときです。国内では領主たちの悲報につづいて、たいへんなことがもちあ

がっていたのです。帰国を前にマンショたちの喜びは、一転して深い悲しみに変わってしまいました。

秀吉のこのとつぜんの「伴天連追放令」については、いまだに真因はよくわかってはいませんが、のちに秀吉自身、ある神父に、

「パードレたちを追放したのは、多数の大身《たいしん》（大名）たちをその教えに引き入れて、日本において反乱をおこすおそれがあるからだ。このことは、これまでだれも気づかなかったが、じぶんはそれを見ぬいていた」

と、語っています。

しかし、この追放令が発される一年半ほど前、秀吉は落成なったばかりの大坂城をたずねた神父たちに、

「ただデウス（神）の教えとかをひろめるために、なんの利益をえるというわけでもないのに、このような遠い日本へやってきて、久しく滞在している宣教師たちのこころばえは、りっぱである。将来、日本人の半分いや大部分のものがキリシタンになるであろう……」

といって、キリスト教の日本布教に好意を示していたのですから、真因はまっ

たくはかりかねます。

「『伴天連追放令』は、秀吉が日本のイエズス会に、大型で堅牢な南蛮の船をあっせんしてほしいとたのんだのに、それを実行しなかったからだ」

「いや、キリシタンになった大名たちが領内の神社や仏閣をこわすので、キリスト教をよく思わない仏教の僧侶がつげ口をしたためだ」

「キリシタン大名の大村純忠が領地のなかにある長崎をイエズス会にあたえていたので、長崎はポルトガルの植民地のようになっていた。そして南蛮との貿易をひとりじめにしようとしていたので、秀吉がおこったのだ」

というような意見もありますが、「追放令」が発せられた真因は、やはり現在もナゾにつつまれたままなのです。

それにしてもとつじょ、

「伴天連は二十日以内に日本から立ち去れ」

などといい出すとは、権力者の気まぐれもはなはだしいかぎりです。

だいいち、便船がありません。

日本にいる宣教師たちは一応、長崎の平戸に集まり、季節風に送られて船がやってくるのを待つため、秀吉に「六か月の猶予」を願い出ました。その間に日本にいる百五十名ほどのヨーロッパの宣教師の大部分をキリシタンに理解のある大名たちの領内にひそませ、とりあえず数名だけを長崎にきた船でマカオへ帰し、秀吉の気まぐれが収まるのを待つことにしました。

マンショたちはマカオまできて、日本に入れないのではどうすることもできません。

バリニャーノ神父はいろいろ考えをめぐらした末、日本にむかう中国人のジャンク船に日本国にあてた要請状を託し、友好を願う「正式なポルトガルのインド副王の使節」が日本へむかうので入国を認めてほしいと、都にいる秀吉に打診することにしたのです。

その返事を待つ間、バリニャーノ神父はマンショたちのヨーロッパでの日記を整理して、「旅の対話録」の完成をめざしました。この「旅の対話録」は、やがてサンデ神父の手をへてラテン語の一冊の書物、『天正年間遣欧使節見聞対話録』となるのですが、そのころのマカオの町に、使節に対する良くないうわさが日本から聞こえてきました。

〝禁教令〟下の帰国

日本から伝えられてきた使節に対するうわさというのは、つぎのようなものでした。

「あの使節の青年たちは、日本の王子ではなく、いやしい身分のものたちだ。それを王子とあがめ、まったくなにも知らされていない豊後の王（大友宗麟）の名をかたった書状をもたせ、使節に仕立ててヨーロッパじゅうをさわがせたのだ。イエズス会の宣教師たちは、スペイン国王をはじめヨーロッパの諸侯をあざむき、ローマの教皇さまをあざむき、神をあざむいて、日本での布教をひとりじめにする権利を得ようとしたのだ……」

このうわさの発端となったのは、一五八七年十月十五日に九州の生月からローマのイエズス会総長あてに発せられたラモン神父の〝伊東マンショの身分〟を記した一通の手紙です。この手紙の内容が、当時日本の布教をめぐってイエズス会と対立していたフランシスコ会の宣教師たちの知るところとなり、文書となって世界各地に配布されたのでした。

マンショたち、使節の少年たちの各地における歓迎ぶりがヨーロッパにいる宣教師から、日本にいる同志たちのもとへ手紙などで伝えられてきます。

最初はほほえましく思っていても、大歓迎につぐ歓迎、しかもスペイン国王やローマ教皇の公式謁見までたまわり、「かつてないほど親愛なる好意で迎え入れられた」というニュースになって伝えられてくると、

「日本の王子という使節の少年たちとは、いったいどこのだれだろう？」

と、せんさくをしてみたくもなってくるのでしょう。

ラモン神父は、豊後の府内にいた「シャツのようなものを一枚身につけていただけ」の八歳くらいの貧しいみなりのマンショと出会い、教会に引き取って有馬のセミナリオに入れた神父でした。マンショのことを知っている神父としては、

「王子などとはとんでもない。マンショは日向の都於郡《とのごおり》の城主だった伊東殿の子孫ではあるが、豊後王とは親せきの、また親せきの間柄（正しくは、宗麟の妹の

娘が結婚した夫の、妹の子）にすぎない。豊後王とは血のつながりはない。そのような子に、ヨーロッパの有力者たちが非常な尊敬をはらったとは、『ヨーロッパのものたちは単純で無知な民』と思われてしまう。こんなことは神をあざむくにもひとしい。真相がわかれば、イエズス会は世界にむかって大きな恥をかくことになる」

と、総長に真相を伝えておきたいという気になったのでしょう。

ラモン神父は、

「教皇さまから非常な貴人の待遇を受けてきても、帰国後は無視されるでしょう」

という、冷ややかな予言まで手紙のなかでおこなって、真相暴露におよんだのでした。

短時日のうちに立案実行されたことだけに、バリニャーノ神父の計画には、十分な配慮はなされませんでした。神父としては、だから使節はあくまでも私的なもので、教皇への謁見も公式なものにしたくない、各地での歓迎もなるべく断り、なるべく人目につかないようにと、代理のメスキータ神父に綿密すぎるほどの注意を書いた訓令書を手渡したのでした。

しかし使節たちがヨーロッパの地を踏んでみると、結果はまったく裏目に出てしまいました。いつのまにかマンショたちは「日本の王子」にされ、めずらしさも手伝ってどこでもすさまじい歓迎ぜめにあい、「空前のできごと」になってしまったのでした。

教皇や国王にさし出した宗麟の書状には、マンショのことを「豊後王の甥」とあります。バリニャーノ神父は最初マンショではなく、使節にほんとうの宗麟の甥にあたる伊東ジェロニモを考えたのでした。しかしジェロニモが遠い安土にいたので、急に「ジェロニモのいとこ」のマンショに白羽の矢がたったのでしたが、「甥のジェロニモ」がそのままマンショの身分になってしまい、ヨーロッパにおけるあいつぐ大歓迎とうわさのうずのなかで、いつの間にか「日本の王子」になってしまったのでした。

そのことがいま、これほどの大問題となって返ってこようとは、細心、慎重なバリニャーノ神父としても考えられなかったことだったのです。「神をあざむく行為」といわれて、神父はどんなに苦しんだことでしょう。

バリニャーノ神父はやがて、マンショの身分についてイエズス会の総長にあてて「弁明書」を書きますが、ラモン神父のもたらした「重大発言」のうわさも、使節帰国後の「予言」も、使節派遣の輝かしい成功の波紋のなかに、いつしか消え去ってしまいました。

このようなことは、もとよりマンショたちには関係のないことです。

マンショたちは一日も早くふるさとに帰れる日を待っていました。

その心のときめきを、メスキータ神父は、

「マンショたちは、早くじぶんたちのふるさとに着き、みんなにじぶんたちの見てきたいろいろなすばらしいことをはなしたがっています……」

と、イエズス会の総長にあてた手紙のなかで、書いています。

やがて――、それは一行がマカオに着いてから一年三か月後の一五八九年十一月二十二日のことでしたが、日本からマカオに入港した船が日本にいるゴメス神父からバリニャーノ神父にあてた一通の手紙を届けてきました。

それには、

「関白はキリシタン宗門（宗教のこと）は好まぬが、純然たる外交使節なら会見してもよいといっております」

という、関白秀吉からの返事が記されていました。

バリニャーノ神父はすぐにでもマカオを発ちたい思いでしたが、あいにく季節も悪く、日本へむかう船はありません。そしてゴメス神父からの手紙を受けてから七か月めの一五九〇年六月二十三日、一行はようやく二年近くの滞在をよぎなくされたマカオを船出し、日本にむけて最後の航海にのぼったのです。

六月二十三日、ポルトガルのエンリケ・ダ・コスタ船長の船にのってマカオを船出したマンショたちは、逆風に悩まされながらも東シナ海を北上して三十五日ほどの航海をつづけ、一五九〇年七月二十八日、八年半の長い旅をおえてやっと長崎に帰港、港内の沖合にいかりをおろしました。

この最後の航海中、ミゲルは発熱してほとんどベッドについていました。

しかし日本の山々がいよいよ見えてくると、がまんができなくなりました。ミゲルはマンショたちにかかえられるようにして甲板に出て、うるんだひとみでなつかしいふるさとの山々をみつめていました。

港には、帰国の知らせを聞いてかけつけてきた教会関係者たちがたくさん集まって、まるでお祭りさわぎのようでした。

バリニャーノ神父は「禁教令」の出ていることを重要視して、歓迎のうずに巻きこまれないよう心をくばっていました。港にいかりをおろして船が停船しても、マンショたちにも下船を許しません。ミゲルが病気であることを理由に、数日間船のなかにとどまっていました。

翌日その船にミゲルをローマにつかわしたいまは亡きバルトロメオ・大村純忠の嗣子（世継ぎ）サンチョ・大村喜前《よしあき》が、禁教令下にもかかわらず一族・家臣を従えて無事の帰国を祝いにやってきました。

つぎの日には、やはりミゲルを名代としてつかわしたプロタジオ・有馬鎮純（晴信）が多数の家臣を引きつれて、船で島原からやってきました。

さらに八年半前、泣きながらバリニャーノ神父にすがりついて息子との別離を悲しんだミゲルの母もかけつけてきましたが、船のベッドからおきあがって母親を迎える青年がわが子だとはなかなかわからず、母親はしばらくけげんな顔でミゲルをみつめていました。

その他、マルチノの両親、ジュリアンの姉妹、マンショの母も知らせを聞いて数日後に日向からかけつけてきました。しかし、だれもみな、ミゲルの母と同じようにわが子、わが兄弟たちの顔を見分けることができなかったと、記録は伝えています。

八年半――。それは短いようで、やはり長い年月です。しかも少年から青年にかけての人間のもっとも大きな成長期でもあります。頭を洋髪にし、西洋の洋服を着て同じようにまっ黒に日焼けしているのです。帰国を待ち望んだ肉親たちでさえ、だれもわが子が見分けられなかったというのも当然のことだったでしょう。

数日間、船のなかにとどまっていたマンショたちは、ミゲルの病気もいえたので、人の寝静まる夜中を待って、そっと下船すると、すぐに長崎を発って有馬にむかいました。

バリニャーノ神父は島原半島の南端にある加津佐で開かれるイエズス会の会議に出席するため、三日間有馬に滞在しただけでしたが、神父に同行したマンショたちは、しばらく有馬にとどまりました。

この間、有馬鎮純や大村喜前に招かれ、めずらしいヨーロッパのはなしなどを披露して、旅のつかれをいやしていました。

領主たちへの正式な帰国のあいさつは、まだ残されてはいましたが、ふるさとの土を踏んだことで、少年使節の長い旅もここでひとまずおわったといえるでしょう。

しかし、「インド副王の外交使節」として日本に再入国したバリニャーノ神父にとっては、大きなしごとが残っています。

神父はいまや「日本の王」として、ほしいままに権力をふるっている関白秀吉に謁見し、危機におちいっている日本の教会をたて直さなければなりません。

バリニャーノ神父は謁見の場に、マンショたち四人をつれていくことにしました。自国の若いものたちが実際に見聞してきたヨーロッパのめずらしいはなしを聞かせたら、好奇心の強い秀吉の心もやわらぐのではないかと考えたのです。

終章　その後の少年使節

関白秀吉に会う

一五九〇年十一月上旬、バリニャーノ神父は関白秀吉から上京許可を受けて、いよいよ都にのぼることになりました。

マンショたち四人の遣欧使節をふくむ一行二十九名は、あまり人目につかないようにふた組に分かれ、途中下関で落ちあうことにして長崎をたっていきました。

バリニャーノ神父は陸路をとっていきましたが、マンショたちはメスキータ神父にともなわれて長崎の港をあとにしました。

関白秀吉は、バリニャーノ神父の謁見要請について、

「キリスト教のことはいっさい口にしないこと」

とわざわざ条件をつけて許可してきましたから、外交使節の随員にもマンショたちを除くと宣教師たちはあまりくわえず、随員はほとんど長崎にいるポルトガ

ルの商人や船乗りたちでした。

長崎をたって九日め、バリニャーノ神父は下関でひと足さきに到着していた海路グループのマンショたちと合流すると、ここから船で瀬戸内海に出、播州（兵庫県）の室津に立ちよりました。

キリシタン大名小西行長が治めていた室津は、瀬戸内を航行する海の要所です。この室津まできて、一行は関白からしばらく待機するよう命じられました。

折から、室津には関白に年賀のあいさつをするため上京途上にある西国の大名たちが、つぎつぎと姿を見せていました。

これらの大名たちは、インド副王の外交使節のなかにヨーロッパから帰った遣欧使節の青年たちがくわわっていることを知ると、マンショたちを招いたり、めずらしいはなしを聞きたがって、マンショたちの宿舎をたずねてきたりするのでした。

マンショたちはたずさえてきた世界地図、都市画帳、天体を観測する観象儀《かんしょうぎ》、地球儀、時計、洋服、洋楽器など数々の品を見せながら、ヨーロッパでの体験談を披露しました。

見るもの、聞くもの、すべてがめずらしいものばかりです。

西国の大名たちは、まるで竜宮から帰った浦島太郎を目の前にしているような感じだったでしょう。禁教下でありながら、マンショたちはこの室津ではからずも、

「ヨーロッパ・キリスト教世界の偉大さ、華麗さ、卓越さをその目で見させ、帰国後日本人の前でそれを証言させ、日本の将来のキリスト教布教のために役立てたい」

という、バリニャーノ神父の遣欧使節立案の意図のひとつをおこなう、絶好の機会にめぐまれたのでした。

それらの西国大名のなかには、西中国地方の大大名である毛利輝元もいましたが、父宗麟の死後キリスト教をすてた豊後の大友義統《よしむね》の顔もありました。

義統は関白の「伴天連追放令」が出た直後にキリスト教をすてたのでしたが、その関白がバリニャーノ神父の謁見要請を受けたことを知ると、「禁教の解ける日も近い」と考えたのか、ふたたびキリシタンとなって神に忠誠を誓うことを、神父に願い出てきました。

バリニャーノ神父がそれを拒むと、こんどはマンショに取りなしを求めてきました。マンショは領主の取りなしを断っています。

関白から、待ちに待った上京許可が届いたのは、年の明けた一五九一年正月下旬のことでした。

バリニャーノ神父の一行は二月十七日、室津をたって大阪にむかい、大坂城をながめながら淀川を船でさかのぼって鳥羽で下船、二十三日、京の都に着きました。

関白の謁見は三月三日、「木造建築としては、これ以上を望めないように思われた」と、当時のヨーロッパの宣教師が語るほど、ぜいをつくした「壮大で華麗、みごとな日本の宮殿」——、完成したばかりの聚楽第《じゅらくてい》でおこなわれました。

使節を迎える関白秀吉は、ことのほかきげんがよく、「ポルトガルの外交使節たちの目に万事がよく見える」ように、邸内のことにこまかい注意をあたえたり、数日間都に雨が降ったので、

「一行に泥水がかからぬよう、道にたくさん砂をまくようにせよ」

といった心づかいをみせ、当日は馬までさしむけてくれました。

マンショたちはローマ教皇から贈られた金モールのはいった黒いビロードの服を着ていました。謁見がおこなわれた広間は、日本人には時代劇などでおなじみの大名屋敷の大広間ですが、随員のヨーロッパ人は、つぎのように描写しています。

「部屋は五つの部分に仕切られていました。関白はその上方にある高い第一の座敷の中央にただひとり座っていました。以下、一段ずつ低くなっている各座敷の両わきに重臣家臣たちが位の順に座っていました。

第二の仕切りには、日本でもっとも高貴でおもだった八名の武将たちが席順に従ってそれぞれ座っていましたが、毛利（輝元）殿は、富においても勢力においても最大の人ですが、階位の順は第五位でした。

これらの場所は、いずれもこれ以上望めぬばかりに清潔でした。というのは、床という床には、せんさいなむしろでつくった敷物風の畳が敷きつめられ、壁（ふすま）には金でいくつかの樹木を描いたもの以外には、なにも見えませんでした。

……」

謁見の間に入ったバリニャーノ神父は、関白の前にすすみ出て日本風のあいさつをし、インド副王から託された書状をさし出しました。

その書状には、国内を平定した秀吉の業績をたたえ、日本に滞在している宣教師たちに「慈愛をたれたもうよう」と書かれていました。

書状は禁教令の出されたのを知らずにインドのゴアで書かれたので、布教のことにふれていますが、書状のおわりには「親交のしるし」として、つぎのような贈り物の品名がそえられていました。

金のかざりをつけた華麗なイタリア・ミラノ製の白色の甲冑二領。銀のかざり具をつけたりっぱな剣二振り、日本では非常にめずらしい鉄砲二丁。金かざりのついた油絵の掛け布四枚。黒・紫色のビロードの馬衣、銀の馬具、金をぬったあぶみなどきらびやかな馬具ひとそろいをつけたアラビア馬二頭、野戦用の天幕一張りというものでした。

このうち、アラビア馬一頭は航海の途中で死んでしまったので、正式に関白の手に渡されたのは一頭だけでした。

ひととおりあいさつがすむと、日本の習慣としてお酒のもてなしです。

関白はバリニャーノ神父と杯をかわして、「最大の好意と栄誉」を示し、「師の来訪は大きな喜びである。今後はいっそうインド副王と交際する希望をもっている」と、はなしかけました。

そして、贈られた品々にお礼をのべると、しばらく席をはずしてふだん着に着かえ、ふたたび広間にあらわれて、こんどは、遣欧使節のマンショにはなしかけ、

「なんじのいとこ（伊東祐兵《すけたか》）を日向《ひゅうが》の飫肥《おび》の領主にした。もしなんじが予（じぶんのこと）に仕える気持ちがあれば、多くの報酬をとらせよう」

と、非常な愛情を示して、家臣になることをすすめました。

あまりにもとつぜんのことなので、マンショは一瞬びっくりしましたが、慎重に、

「わたくしは長い間、バリニャーノ神父におせわになり、恩義をこうむっているものです。もったいないおことばですが、神父のもとを去っては、人びとから恩を忘れたものと非難されるでしょう」

と、こたえると、関白は、

「むりもない。そのとおりだ」

と、うなずきました。

関白はつぎに、ミゲルにも親しくはなしかけました。

ミゲルには、

「なんじは有馬家の一族か？」

と、問いかけました。

ミゲルも、一瞬ぎくりとしました。

禁教令が出ているいま、うっかり領主との関係を口にしては有馬の殿にどんな迷惑がおよぶかわかりません。ミゲルは、

「有馬領の千々石《ちじわ》のものです」

とだけこたえましたが、有馬鎮純の父義貞《よしさだ》、大村喜前の父純忠《すみただ》、ミゲルの父千々石直員《なおかず》の三人は、実は兄弟です。

秀吉は、それ以上こまかくは聞きませんでしたが、才覚のきく秀吉のことです。遣欧使節たちの身上など、もうとっくに調査ずみであったかもしれません。

しかし、秀吉はマンショをよほど家臣に取りたてたいようでした。翌日にも、もう一度誘っていますが、マンショはやはり断っています。

このあと、マンショたち四人は、ヨーロッパからもち帰った西洋の楽器――クラボー、アルパ（ハープ）、ビオラ、ラウデ（ギターに似た楽器）、ラベキーニャ（マンドリン型の弦楽器）などで演奏をおこない、それに合わせてヨーロッパの歌を紹介しました。

秀吉は非常に喜んで、三度も四人にヨーロッパの歌をうたわせ、そのあと、ひとつひとつの楽器を手にとって、

「日本人がこのようなものを奏することができるのは、たいへんうれしいことである」

と、語ったほどです。

諸侯とともに一行を歓迎したあと、秀吉は贈り物のなかから天幕と馬を庭に引き出させ、しばらく観覧していました。

秀吉はアラビア馬が日本の馬にくらべて大きいこと、美しいこと、速いことをおおいに賛美し、贈り物のなかで馬がいちばん気に入ったようでした。

こうして、バリニャーノ神父の関白謁見は、一応成功のうちに幕をおろしました。

バリニャーノ神父の一行は、関白のことばに従ってゆっくり京・奈良などを見物して長崎へ帰っていきました。

関白秀吉は三年半前に「伴天連たちは二十日以内に、全員日本から出ていけ」という宣教師の「追放令」を出していながら、「十名ばかりなら長崎に残してもいい」というほど、心をやわらげてきていました。

裏切りのはて

マンショをはじめ、遣欧使節に選ばれた四人の使者たちは、人間形成の大切な時期をヨーロッパへの長い旅の途上ですごしました。

難渋をきわめた長い航海に耐えたその不屈の精神にはおどろかされます。八年半の旅の間に見聞したさまざまなことは、当時の日本人、いや現在の日本人であっても、望んでもとうていかなえられるものではありません。

それればかりか、かれらはグレゴリオ十三世、シスト五世というふたりのローマ教皇をはじめ、当時「世界の覇者《はしゃ》」といわれたスペインの国王にも会い、帰国してからは「日本の王」関白秀吉にも会って、歓待されたのです。

歴史に名をとどめたこれほど多くの世界の大人物たちとしたしく接見しえた日本人もまた、まれなことだといえるでしょう。

ヨーロッパの語学を身につけ、ヨーロッパ文明の豊かさを身をもって体験してきたかれらの見聞や知識がもし多方面に披瀝《ひれき》され、十分に活用されていたら、当時の日本の文化はさらに豊かなものになっていたでしょう。

ローマに滞在していたかれらの日常を伝えてくれるイエズス会士の記録には、「四人はあらゆる事物に注意深く、見たり聞いたりするいっさいのことを筆記する」とありましたが、スペインのトレドの町でトリアーノ老人から水道や天球儀の仕かけについてこまごまと質問していることなどを思い返すと、はげしい知識欲に燃える若者たちの姿が浮かんできます。

水道の技術、時計など精密な仕掛け物の知識、技術、あるいは天文学、航海でえた航海術、ヨーロッパの造船術、ガラス工芸、建築物、町づくりに関する知識、技術、音楽――。これら多種多様な文化の知識、技術などが帰国後の時代のなかに生かされていたら、どんなにすばらしかったかと思います。

　そのなかに、わずかに印刷機によってもたらされた「印刷文化」があります。その印刷文化でさえ、「キリシタン版」と呼ばれるいくつかの日本布教のための活字本や、『伊曽保《いそほ》物語』という『イソップ寓話集』のなかの数編の話を紹介したものなどが残されているのみで、西洋の印刷技術も、ついに当時の日本に根をおろすことはありませんでした。

　残念ながらかれらがもち帰った西洋文化の知識や技術は、やがておとずれる徳川幕府の鎖国令のために、ほとんど消え去ってしまうのです。

　しかし、敬虔《けいけん》なキリシタンであったマンショたちには、そうしたこととは別に、すでに一生をささげても悔いのないしごとがあったのです。

　関白秀吉との謁見をおえて九州に帰ったマンショたちは、有馬、大村の両領主のところへおもむき、ローマ教皇をはじめ、スペイン国王その他ヨーロッパの諸侯から贈られた品々を手渡し、正式に使節帰国の報告をすませました。

　ここで、一五八二年二月の長崎出帆より数えて九年三か月におよぶローマ少年使節の使命は、すべておわったことになるのです。マンショたちはその後、バリニャーノ神父に従って天草に渡り、イエズス会の会員となって神の教えをひろめることを、生涯のつとめとすることを誓い、精神をきたえ、さらに勉学をつむため修練院へ入りました。

しかし、キリシタンにとって、時代はますますきびしいものになっていました。その困難な時代にむかって、あえて神の使徒の道を選んだかつての少年使節たちは、その後どのような生を送ったのでしょうか。

その後の四人の半生をふり返ると、四人四様――、時代がはげしく移りかわる「変革期」に見られる人間の典型的ともいえる生き方が、期せずして浮き彫りにされています。

マンショたちが生涯の誓いをたててイエズス会の会員になったのは、一五九一年七月二十五日のことでした。

この日の二日前の七月二十三日はくしくも三年前、関白秀吉が九州博多で伴天連追放令を出してわが国でのキリシタン布教を禁じた日でもありました。

時代はキリシタンにとって、ますます悪化していきますが、この年から十年間ほどのおもなできごとを年表的に書き出してみると、つぎのようになります。

一五九二年　二月　十七日　秀吉、明国（中国）を攻略するため、諸侯に朝鮮への出陣を命じる。

八月二十九日　秀吉、長崎の教会をこわすことを命じる。

十月　九日　バリニャーノ神父、長崎を出帆してマカオにむかう。

一五九六年　九月　四日　秀吉、日本にいるイエズス会士、フランシスコ会士の日本追放を決議する。

十月　十九日　フィリピンからメキシコにむかうスペイン船サン・フェリッペ号、土佐浦戸沖に漂着。秀吉、その積み荷を没収することを命じる。

一五九七年　二月　五日　長崎西坂の丘で、フランシスコ会神父、十三歳のルドビコ茨木など二十六名が十字架につけられる。サン・フェリッペ号に端を発した「二十六聖人の殉教」起こる。

一五九八年　八月　十四日　バリニャーノ神父、三たび来日。
　　　　　　九月　十三日　スペイン王フェリッペ二世死去。ヨーロッパでは
　　　　　　　　　　　　　スペインにかわって、イギリスが台頭しはじめる。
　　　　　　九月　十八日　豊臣秀吉、伏見城で死去。
一六〇〇年　九月　十五日　関ヶ原の役で豊臣方の西軍が破れ、天下は東軍の
　　　　　　　　　　　　　徳川家康の手に移る。

——このような時代のなかでは、おちついて神学生たちの養成もできません。三たび日本へやってきたバリニャーノ神父は、「将来の日本の教会を背負う」人材を海外で育てることにして、マカオに学院をつくることにしました。そして一六〇一年、天草の修練院を卒業してさらに勉強をしていたマンショとジュリアンのふたりに、マカオへの留学を命じました。

語学が得意な原マルチノは交渉ごとにも能力を発揮していたので、このころすでに長崎でイエズス会の通訳や交渉係などの役にもついていました。ところが、三年後、伊東マンショと中浦ジュリアンがマカオ留学から長崎に帰ってきたとき、もうひとりの仲間ミゲルの姿はありませんでした。

実はこのころ、ミゲルは千々石清左衛門と名のって、キリスト教をすてた大村領主大村喜前の家臣になっていたのです。

「ミゲルはもともと健康状態があまりよくなく、病気になり、いくぶんからだがマヒしていたのでイエズス会を脱会して結婚し、いとこである大村喜前に仕えたのです」

とのべて、ミゲルの棄教（教えをすてること）を「健康上の問題」としている当時の神父の証言もあります。好意的な解釈は、「健康上の問題でしだいに勉強が遅れ、それが原因でマカオ留学にももれ、棄教した」というのです。

それと同時に、このころふたたび日本のイエズス会の内部に日本人の修道士たちを司祭（神父）にさせることを快く思わない神父たちがふえていました。

四人の使節を引きつれてローマにいったメスキータ神父は、一六〇七年にローマのイエズス会の上司に送った手紙のなかでこの問題を取りあげ、

「すでに必要な勉強をおえているのに上長者がかれらを司祭にすることを引きのばしている理由が、わたしにはわかりません。徳や知識の不足によるものでないことはたしかであり、かれらを親しく知っているわたしにとっては、だれ

よりも明らかにそれがわかります」

と書いて、四人よりもまだ若い日本にきている外国の修道士たちがつぎつぎと司祭になっていることをいきどおっています。

このような状況のなかで、留学にもれたミゲルは落たんし、将来に絶望して教会を去ったのでしょうが、ヨーロッパから帰ってきて十年以上たっても四人の使節たちに変わらぬ愛情をそそぐメスキータ神父は、さらにつづけてつぎのように記しています。そして、最後におどろくべきことを証言するのです。

「千々石ミゲルを除いて、ほかの日本人がだれもこの理由のため脱落していないことは、わたしに大きな喜びをあたえています。千々石もしかるべき時期（留学）に、さらに勉学によって援助されたならば、このような結果（棄教）になって、大村のキリシタンにあれほどの害をあたえることはなかったでしょう。……」

「あれほどの害」とは、いったいなんなのでしょうか。

ミゲルは実は、領主の大村喜前が棄教して領内のキリシタンを弾圧しはじめると、家臣としてそれに従ったのでした。

一六〇五年のある宣教師の手紙には、

「ローマへいった王子（ミゲルのこと）が、わたしたちの悪口をいっているというわさを聞きました。修道士はスペインでは尊敬されていないとさえ、いっているそうです。実際に事実をその目で見てきた証人として、このことが信じられているので、人びとの信仰の障害になっているということがわたしたちの耳に入っています……」

と、書かれています。

ミゲルの行為はバリニャーノ神父の遣欧使節派遣の意図とまったく反対方向にむいてしまったのです。ミゲルは棄教したばかりでなく、キリスト教とかつての同志たちを裏切って、その手、いや良心までも汚してしまったのです。

大村家に伝わっていた『大村家秘録』という文書のなかに、

「家士千々石清左衛門というもの、幼少よりきりきりしたんの門弟になり、ろうまに渡り、学にはげんで帰朝し、ひそかに喜前公に語るには、きりすとの教えはきわめて邪法なり。人間の救いを説くというが、実は国をうばうはかりごとなり……」

ということが記され、ミゲルのはなしを聞いた大村喜前は家臣とともに領内からキリシタンを追放し、教会も残らず焼いて仏教に帰依したと書かれています。しかし、大村喜前に仕えたミゲルのその後は、悲劇的で波乱に富んだものでした。

イエズス会脱会後のミゲルと会ったことのあるルセーナという神父が、かれのその後の消息をつぎのように書き残しています。

「棄教したのち、かれが仕えていた大村の殿は、（内紛から）たびたびかれを殺させようとしたが、かれは大村を逃れてもうひとりのいとこの有馬（晴信）殿のもとへ身をよせました。有馬殿に仕えているときに、ミゲルの家来がかれに傷を負わせ、人びとはみなかれが死んだと思うほどの重傷でした。しかしかれはなかなか枯れない雑草であったし、また神の正しい裁きによって、死にませんでした。結局、有馬殿にも追放され、うわさによれば長崎に住んでいるようです……」

こうして、少年時代にヨーロッパの町々でキリスト教文化の華麗さ、すばらしさに何度も感嘆感動し、ローマでは教皇から「キリスト教の騎士」の称号まで贈られて、数々の栄誉を受けたあの快活なミゲルは、歴史の闇のなかへ姿を消していったのです。

それから三十年以上をへておこった「島原の乱」に、農民たちを率いて闘った天草四郎は、実はミゲルの子どもだったといううわさがたちましたが、もとよりたんなるうわさにすぎません。

中浦ジュリアンの最期

伊東マンショ、中浦ジュリアン、原マルチノの三名が長崎の被昇天の聖母教会でそろって司祭（神父）に叙階されたのは、一六〇八年九月のことでした。

このときマンショは四十歳、ジュリアンは四十一歳、マルチノは三十九歳で、三人はすでに人生の半ばをすぎていました。

司祭になったマンショは小倉へ、ジュリアンは有馬へと信者のせわにあたるため、それぞれの任地へおもむいていきましたが、マルチノはイエズス会日本管区のしごとをつづけるため引きつづき長崎にとどまることになりました。

これより二年前の一六〇六年一月二十日、「計画的に東西文化の新しい調和」をめざして文字どおり東奔西走し、「キリスト教の日本布教史上、ザビエルにつぐ功労者」とたたえられるバリニャーノ神父が、マカオの地で病気のため六十七年の生涯を閉じました。

ところで、マンショがおもむいた小倉は、そのころキリシタンとして有名だったガラシア夫人の夫である細川忠興の城下町でした。

忠興はガラシア夫人の死後、亡き妻の霊をなぐさめるために小倉に美しい教会を建て、ガラシア夫人の信仰上の指導者であったセスペデス神父を招いて、城下町の信者たちのせわをさせていました。しかしマンショがおもむいてから三年ほどして、セスペデス神父が急に亡くなると、忠興はとつぜん手のひらを返すようにキリシタンへの好意を一転させました。神父の遺体をじぶんの領地に埋葬することを許さぬばかりか、領内の宣教師たちを全員追い出してしまいました。

マンショはやむをえず長崎にむかいましたが、このころから病にかかり、翌一六一二年十一月十三日、長崎で四十三歳の生涯を閉じました。ローマへの長い使節の旅をおえて帰国し、名誉や富や地位など、現世であたえられるいっさいのものをすて去り、イエズス会に入会して使徒への道を歩みはじめてから二十一年め、神父として活躍したのは、わずか四年という短さでした。

マンショの病の床には、少年時代からマンショたちに慈父のような愛情を示しつづけてくれたあのメスキータ神父が——、いまは年老いた身ですが、ずっとつきそっていたと、記録は伝えています。

一六〇〇年の関ヶ原の役で天下をにぎった徳川家康は、最初のうちは秀吉の政策をうけつぎながらも、着々と江戸幕府の基礎をかためていました。

そのころは、家康もじぶんの周囲のことでいそがしく、キリシタンに対してはほとんどなにもしていません。

信者たちも宣教師たちも、しばらく平穏な状態を迎えていました。ある神父はヨーロッパにあてた手紙のなかで、「わたしたちのいる日本は、まったく平穏です」と書くほどでしたが、一六一二年に家康の側近のひとりであった本多正純の家臣で、キリシタンであった岡本大八が家康の文書を偽造して不正をはたらいたことが発覚すると、この事件がきっかけとなって、いよいよ江戸幕府のすさまじいキリシタン弾圧がはじまるのです。

一六一四年二月一日、前年についで幕府から発せられた三度めの「キリシタン禁教令」は、

「キリシタンは貿易に名をかりて布教をし、日本に政変をおこして日本を領有しようとくわだてている。これは大きな災いのきざしであるから、きびしく取りしまらなければならない」

というもので、幕府は日本におけるキリシタンを根絶やしにする方針をたて、やがて外国との関係をいっさい断つという、江戸幕府の「鎖国令」へと発展していくのです。

禁教令が公布されると、各地のキリシタンは仏教徒になることを強いられました。従わないものたちは人も住めないようなへき地へ流刑となりましたが、それははじめのころだけでした。

都などでは棄教をこばむものたちは俵に入れられてしばられ、四条、五条の河

原に積みあげられて食を断たれ、苦しみに耐えかねて棄教を口にするものは許されましたが、あくまで神の教えを守ろうとするものは、俵に火をつけて焼き殺す「俵踊り」という、おそろしいことが平気でおこなわれるようになったのです。

幕府の禁教令には、当然のことながら日本にいるすべての外国人宣教師たちの国外追放がもりこまれていました。

外国の宣教師と、どうしても棄教しないという信者は長崎に集められ、その年の十一月七日と八日に、マカオとフィリピンのマニラへいく船にのせられて国外に追放されました。

このとき、日本キリスト教の支柱ともいわれたかつてのキリシタン大名であった高山右近、内藤如安のふたりも家族ともども日本から追放され、マニラへ流されていきました。

このキリシタン追放のとき、長崎でカルバーリョ日本管区長の秘書をしていた原マルチノは日本に残らず、国外追放を切望して、神父とともにマカオに逃れました。少年使節の随員のひとりであった印刷技術師のコンスタンチーノもマルチノに従いました。

ふたりは、マカオで日本布教のための印刷物のしごとに従事していましたが、コンスタンチーノはやがて司祭に叙階され、マカオのセミナリオの院長になった直後の一六二〇年に、マルチノはそれから九年後の一六二九年十月二十三日、六十一歳でともに天に召されていきました。

ふたりはマカオの聖パウロ教会にねむるバリニャーノ神父のかたわらに葬られました。ここにはもうひとり、ローマからの帰国途中に胸の病で倒れたロヨラ修道士もねむっています。

マルチノについては、

「日本人宣教師として迫害の日本に残るべきだった。マルチノは国外へ追放されたのではなく、逃亡したのだ」

という、意見があります。

海外へ追放になった外国人宣教師のなかには、日本にいる信者たちのことが心配で、迫害の日本へわざわざ密航をくわだてて潜入してきた宣教師たちがいました。

マルチノは、「わたしは日本へ帰りたかった。でも船がなかった」といっていますが、密航までくわだてて日本に潜入してきた宣教師たちがたくさんいた以上、マルチノのことばは素直に受け入れられないでしょう。マルチノは迫害をおそれて海外に逃亡したという意見があるのは、このためです。

ところで、マルチノたちが長崎から追放される数日前の十一月四日、メスキータ神父が長崎の近くにある漁村、十禅寺浜の小屋のわらの上で息を引きとりました。

長崎の神学校の校長をしていたメスキータ神父は、禁教令が発布されたとき家康との謁見を求めて、病の身をおして長崎から駿河まで出かけていこうとしましたが、駿河までの道は、あまりにも遠すぎました。神父は大阪までやってきて断念し、長崎へもどったのです。そして息を引きとる日まで信者たちに秘跡をさずけ、告解を聞いてはげまし、六十一年の清らかな生をおえたのでした。

追放令が出たとき、百四十二名の宣教師がマカオとマニラへ国外追放になりました。

そのなかから四十名ばかりの宣教師たちが、

「日本の信者たちをすてて国外へ去ることはできない」

と考えて、ひそかに日本にとどまる決意をしました。メスキータ神父もそのひとりでしたが、日本残留を決意して各地に潜伏した宣教師たちは、のちにほとんど幕府の役人に捕らわれ、拷問されて殉教しています。

江戸時代に日本で殉教した信者の数は、三千八百名をこえるといわれています。家康が禁教令を発した四年後の一六一八年から、一六七一年までの五十四年間に、長崎の西坂の丘の刑場で殉教した信者の数だけでも、六百七十名にのぼっています。

はりつけ、穴づり、火刑、水責めなど、残酷な刑にあって殉教していった宣教師をはじめ、名も知られぬ老幼男女――、これらの人たちは、なんら悪いこともせず、ただ神の教えを心から信じつづけていただけでした。ただひとこと、

「信仰をすてます」

といえば助かることもできたのですが、「キリストの教えこそ、真の救いの道」と確信しながら、喜んでみずからの生命を投げうっていったのです。

禁教令を出した幕府の方針は、「キリシタンを根絶やしにする」というものでした。

宣教師に一夜の宿を貸しただけでも罰せられます。時代は信者たちにとって、ますますきびしいものになっていきました。かつての四人の〝少年使節〟のうち、残るのは中浦ジュリアンただひとりとなってしまいました。

一六一九年、日本に残ったヨーロッパから来たある神父は、ローマ教皇にあてた手紙の中で、禁制下の宣教師の活動について、

「わたしたちは常に夜間、日本のきものを着て雨や風のもとに歩き、山中の農家に泊まり、じぶんに任せられた地区において、各自、あるときはみずから秘跡をさずけ、あるときは手紙によって信者をはげましています」

と、書き残しています。

また、ある神父は、

「役人たちは神父を発見したものには多額の賞金を約束し、神父が捕らえられた土地は全村これを破壊するとおどかしています。夜間この山のなかで、貧しい農民の家から家へと移り歩いているわたしたちの窮状をご推察ください」

とも、書いています。

さらにほかの神父は、

「わたしの伴侶に関しては、みなけんめいにしごとをしているように思われます。かれらは日本でもっとも大きな苦労をしている人たちで、山や谷のなかの困難きわまる道を夜間歩きまわり、ふたたび信仰を取りもどしたキリシタンに秘跡をさずけながら、村から村へとしごとをつづけています」

と、手紙に書き残しています。

中浦ジュリアンもあちこちに幕府が放っている間者（スパイ）の目を逃れながら、こうして島原半島の加津佐、口ノ津地区で信者のせわをつづけていました。しかし、各地に潜んだ神父たちもつぎつぎと捕らえられて、しだいに少なくなっていきます。ジュリアンがせわをしなければならない地区は島原半島の南端だけではなく、遠く北九州の小倉にもおよんでいきました。

一六二一年九月二十一日の日付のあるジュリアン五十四歳のときの手紙は、ローマにいるある神父から受けた手紙の返事ですが、そのなかでジュリアンはつぎのように書いています。

「聖なるローマ市、教皇聖下、枢機卿、カトリック貴族の方々、およびわたしがヨーロッパのその地方を歩いていたときにその方々から受けた愛情の記憶を新たにすることは、わたしの大きな喜びです。ローマのように遠いところから日本に手紙をくださったこと、キリストの愛を忘れないために、わたしたちのうやまう品々を贈ってくださった愛情に深く感謝いたします。

わたしは神のお恵みによって、キリシタンの司牧のために、まだ十分な健康と堅固な精神をもっています。迫害はこんにちまでけっしておわることなくつづき、そのためわたしたちはひとときといえども休息することができません。この手紙でさえ、おちついて書きおわることができません……」

役人たちは血眼になって、潜伏している宣教師たちを探しているのです。

ジュリアンもこの手紙を書いているときに、

「領主が新しい迫害をはじめようとしているから、早くどこか安全な場所に移りなさい」

と、信者のひとりからうながされています。

しかし、そのジュリアンも一六三二年の暮れに、ついに小倉で捕らえられ、長崎に送られて西坂の刑場につれていかれました。そして、汚物の入った土穴の上に逆さにつるされるという残酷で苦しい刑を執行されました。

このとき、ジュリアンのかたわらには、当時のイエズス会日本管区の副管区長だったフェレイラ神父も捕らわれて、同じように逆さづりの刑に処せられていました。しかしフェレイラ神父は、刑の執行がおこなわれてからしばらくすると、苦しみから逃れるために役人に棄教の合図をおくり、許されて刑場から引き出されていきました。（フェレイラは棄教後に日本人名沢野忠庵と妻を与えられて、幕府のキリシタン目明かしになっています。）

ジュリアンは上司の棄教にも少しも動ぜず、何度かの逆さづりにあいながらも、苦しみに耐えつづけていました。しかし三日めの一六三三年十月二十一日、六十五歳の多難な生涯をおえて、天国へ召されていきました。

西坂の丘の刑場に引き出されたとき、ジュリアンは、

「わたしはローマへいった中浦ジュリアンです」

と、みずから名のったと伝えられています。

ジュリアンの不屈ともいえる信仰の精神をささえたものは、いったいなんであったのでしょう。

それは、さきに紹介したジュリアンの手紙のなかにうかがうことができるで

しょう。少年の日に、みずからの死の病もかえりまず、ひたすらジュリアンの病を気づかってくださったグレゴリオ老教皇の暖かい愛であり、限りない神のいつくしみであったでしょう。ローマへいった少年時代のさまざまな思い、多くのすばらしい人びととの出会いが、ジュリアンの不屈で美しい生涯をささえていたのでしょう。

こうして、「迫害の時代」という禁制下の変革期を送ったあのローマへいった四人の少年たちは、裏切り、病、海外追放、殉教という四人四様の生き方をわが国のキリシタンの歴史の上に刻んで、永遠に天に召されていったのです。

あとがき

『高山右近』を書くために九州へ取材にいったときのことですから、三年前のことになります。

当時長崎の修道会におられたシスターのＩさんに案内を願って、一日長崎にあるキリシタン遺跡などをまわったのでしたが、その折、Ｉさんから一冊の本をプレゼントされました。パチェコ・ディエゴ著『九州の古城とキリシタン』（日本二十六聖人記念館刊）という本でした。

神父ご自身がお撮りになった美しい写真がたくさん入っているので、それを見ながらページを繰っていると、一枚のカラーの写真が目にとまりました。

そのとたん、全身に電流が走るような衝撃を覚えて、ぼくは思わず声をあげてしまったのです。

「こ、こ、この家紋、ぼくの母方の実家の紋と同じですよ――」
シスターに指さしたページには、ローマへいった伊東マンショの家のことが書かれており、そこに伊東家の家紋が紹介されていたのです。家構えのなかに四枚花弁の木瓜の花をあしらった図柄――「庵木瓜《いおりもっこう》」は、まさしくぼくが子どものころから見なれてきた母方の実家、狩野《かのう》家本家のものと同じでした。

「母方の狩野家というのは、狩野川のある伊豆の出です。伊豆の狩野家と日向の伊東家と、なにか関係があるのですかね。そういえば伊東の東は、伊豆の伊東温泉の東と同じですよね……」

家系などにあまり興味をもたなかったので、そのときはこんな類推がやっとでしたが、東京にもどって『日向記』を調べてみると、日向伊東家はやはり伊豆の伊東家の流れで、建久元年（一一九〇年）、日向の地頭職に任じられた工藤（伊東）祐経《すけつね》が祖であることがわかりました。そして狩野家というのは、同じ伊東家から出ていることがわかったのでした。

――とすると、ぼくのからだには、何百万分の一か、何千万分の一かはわかりませんが、あのローマへいった伊東マンショと同じ血が流れていることになります。ぼくはびっくりしました。

「天正少年使節」のことは、子どものころからずっと気になっていましたが、これではどうしてもそのうち、かれらの歩いたあとを追って、ローマまでいってみなければならなくなったなと、思いました。

ぼくがはじめてローマへいった少年たちのことを知ったのは、いまから三十年以上も前、中学校の教科書でした。当時は敗戦直後のなにもない時代でしたが、八年半におよぶ少年使節の壮大な旅は、それこそぼくの空腹と空虚さを満たし、未来への大きなユメをかきたててくれたのです。ぼくもそのうち、かれらと同じようにアフリカ大陸の南端をぐるりとまわってヨーロッパへいこう。これからはもう戦争はないんだからどこへでもいけるんだ……。「天正少年使節」のはなしは、ようやく西欧のことに関心をもちはじめたひとりの少年の血をわきたたせる導火線となったのでした。

その後、地図をなぞり、書物のページにおくられながら、何度かれらの旅のあとを追ってローマまでいき、帰ってきたかしれません。そしてこの六月、三十数年のユメが実現し、はじめてヨーロッパに出かけ、ポルトガルのリスボンを皮切りに少年使節のあとを追ってローマへいき、イタリア各地をめぐってきたのです。

それがこの本となったわけですが、こんどの旅で聖フランシスコとクララのアシジを妻とたずねることができたのは、これからのぼくたちにとって大きな喜びとなりました。

わが国におけるキリシタンの本格的な研究は明治になってからですが、そのなかでも「天正少年使節」に関するものは最も多く、これまでに百冊以上の書物が刊行されています。ヨーロッパでも十六世紀だけでも七十八種、まだ使節がヨーロッパにいた一五八五年だけでも四十九種の書物が刊行されたといいますから、少年使節の反響がどんなに大きかったか、うなずけるでしょう。

ヨーロッパでの取材中はもちろん、この本を書くにはシスターをはじめ実に多くの方々のおせわになりました。その方々、すばらしい装画で本書をかざってくださった依光隆画伯に、厚くお礼申しあげます。資料を参照させていただき、多くのことを教えられた諸先生にはその書名を記して、深謝いたします。みなさま、ありがとうございました。

▽サンデ師編『天正年間遣欧使節見聞対話録』（泉井久之助他訳　内閣東洋文庫）▽フロイス『九州三侯遣欧使節行記』（岡本良知訳注、東洋堂）▽グワルチェリ『日本遣欧使節記』（太田正雄訳、岩波書店）▽浜田青陵『天正遣欧使節記』（同）▽　松田毅一『天正少年使節』（角川書店）▽同『史譚天正遣欧使節』（講談社）▽同『南蛮巡礼』（朝日新聞社）▽同『黄金のゴア盛衰記』（中公文庫）▽山崎正和『海の桃山記』（文春文庫）▽「大村家秘録」（『史籍雑纂』第二所収、続群書類従完成会）▽久米邦武編『米欧回覧実記』四、（岩波文庫）▽結城了悟『天正少年使節の中浦ジュリアンについて』（日本二十六聖人記念館）▽ディエゴ・パチェコ『九州キリシタン史研究』（キリシタン文化研究会）▽新村出『吉利支丹研究余録』（国立書院）▽チースリク『世界を歩いた切支丹』（春秋社）▽ヴァリニャーノ『日本巡察記』（松田毅一他訳、桃源社）▽フロイス『日本史』（松田毅一他訳、中央公論社）▽『天下人と南蛮船』（図説人物海の日本史④、毎日新聞社）▽『イエズス会日本年報』（村上直次郎訳、雄松堂書店）▽『図説大航海時代の日本』（小学館）。他。

一九八一年十二月八日

谷　真介

著者紹介

谷　真介（たに しんすけ）

1935年東京に生まれる。

『台風の島に生きる―石垣島の先駆者 岩崎卓爾の生涯』で昭和51年度厚生省児童福祉文化奨励賞、第3回ジュニア・ノンフィクション文学賞受賞。絵本「行事むかしむかし」で第15回巖谷小波文芸賞受賞。

ほかに『キリシタン伝説百話』『沖縄少年漂流記』など。女子パウロ会からは、『二十六の十字架』『ローマへ行った少年使節』『江戸のキリシタン屋敷』『キリシタン大名高山右近』『サンタ・マリアのご像はどこ？』『外海の聖者ド・ロ神父』『フランシスコ・ザビエル』などがある。絵本も多数。


本書は1982年2月に刊行された単行本を加筆訂正し、文庫化したものです。

ローマへ行った少年使節

著　者／谷　真介
発行所／女子パウロ会
代表者／松岡陽子
〒107-0052 東京都港区赤坂8-12-42
Tel.03-3479-3943　Fax.03-3479-3944
Webサイト http://www.pauline.or.jp/
印刷所／図書印刷株式会社
初版発行／2016年5月20日

ISBN978-4-7896-0770-4 C0123　　NDC289